Ursula Geiger

Noch immer Leim an meinen Sohlen?

Herausgeber: Rudolf Stirn

Ursula Geiger

Noch immer Leim an meinen Sohlen?

Lebenserinnerungen II der Enkelin
des Schweizer Theologen Hermann Kutter

ALKYON VERLAG

Die Deutsche Bibliothek - CIP-Einheitsaufnahme

Geiger, Ursula:
Lebenserinnerungen der Enkelin des Schweizer
Theologen Hermann Kutter / Ursula Geiger. -
Weissach i. T. : Alkyon-Verl
2. Noch immer Leim an meinen Sohlen?. - 1998
ISBN 3-933292-04-2

© 1998
ALKYON VERLAG
Gerlind Stirn
Lerchenstr. 26
71554 Weissach i. T.

Druck und Verarbeitung:
Gruner Druck GmbH Erlangen
Umschlag: E. Valmar
Titelfoto: U. Geiger

ISBN 3-933292-04-2

Hauptbahnhof Zürich

Ich trällere das Lied einfach so vor mich hin, neben ihm, mitten auf dem Hautbahnhof Zürich: 'Und in dem Schneegebirge, da fließt ein Brünnlein kalt und wer das Brünnlein trinket, wird jung und nimmer alt.'
Kurt schaut mich an. Mit dir alt werden wäre aber noch schön. Es ist dein Lied, ich weiß. Gestern hast du es mir im Salon deiner Großmutter auf dem Flügel gespielt und dazu gesungen und heute fahre ich tatsächlich ins Gebirge. Komm doch mit!
Mit der ganzen grünen Mannschaft, den vielen Soldaten, die ich nicht kenne?
Wer kennt schon wen? In ein paar Stunden bin ich irgendwo, wo ich vielleicht gar nicht hinpasse.
Ich dachte immer, du gingst gern ins Militär, wärst stolz darauf, Offizier zu sein.
Bin ich auch. Aber dieser seltsame Ernstfall, von dem alle reden und niemand weiß, ob es wirklich einmal ernst gilt für uns, ich meine für die Schweiz. Werde ich Zürich unversehrt wieder antreffen, wenn ich zurückkomme?
Nun fährst du erst einmal ins Toggenburg, aber nicht ins Schneegebirge, wie es im Lied heißt.
Ich fahre zum Glück in dasselbe Gebirge wie du, Ursel. Wir zwei im Toggenburg: Du mit Franzosenkindern, ich mit Soldaten. Deine Lieder gehen mit mir, werden mich begleiten, im Kantonnement, auf langen Märschen, beim Essen, vor dem Einschlafen.
Weißt du, worauf ich mich freue?
Nein.
Auf deine Briefe.
Ist doch klar, dass ich dir schreibe.
So wie du schreibt keiner.
Was soll denn besonderes sein an meinen Briefen?
Das weißt du ganz genau. Aber du willst es hören und ich sag's dir jetzt:

Manchmal kritzelst du zarte, schnelle Buchstaben aufs Papier, solche, die irgendwie davonrennen. Dann wieder werden sie dick, deine Buchstaben, rund, farbig und es gibt Herzen, Blumen, Vögel zwischen die Wörter - einen schlafenden Mond mit Zipfelkappe, Sterne über unserer Bank am Waldrand. Einfach wundervoll! Ich trinke diese Welt in mich hinein. Ich mag den Poeten in dir. Und wenn ich daran denke, dass du je in deinem Leben einer anderen Frau malend so schreiben wirst, wie du mir schreibst, könnte ich laut heulen vor Enttäuschung, Wehmut und Wut. Ja, auch Wut.
Ich merke plötzlich, dass mir jemand zuhört, ein Rekrut, umgeben von Vater, Mutter und jüngeren Geschwistern. Eine Großmutter scheint auch dazu zu gehören. 'Familientreffpunkt' denke ich, und schaue mir die Gruppen an, die den Bahnsteig füllen. Ich kann nicht weiter reden, der Zug fährt ein. Kaum steht er still, wird er von den Soldaten überflutet. Sie bestürmen die Wagen, reißen die Fenster herunter, rufen ihren Angehörigen noch etwas zu, vielleicht etwas Wichtiges. Oder Unwichtiges? „Was häsch gseit?" tönt es zurück - Laute Männer im Zug, stumme Frauen und Mädchen auf dem Perron. Tränen, Taschentücher, winkende Hände. All das: 'Abschied'. Nur die Männer weinen nicht. Nun gehört Kurt zu den Uniformierten. Beim letzten Adieu hat seine Stimme einen seltsam metallischen Klang. Will er Stärke zeigen, oder Weichheit verstecken? Ich weiß es nicht. Ich sehe seiner winkenden Hand nach und schicke ihm einen Kuss. Er schickt keinen zurück. Er ist nun unter Seinesgleichen. In einem fernen blauen Dunst verschwindet der Zug.
Bald werde ich auf demselben Geleise in dieselbe Richtung fahren. 'Jeder hat auf seinem Gleise etwas, das ihm Kummer macht.' - Ich singe die Melodie in meinem Innern - Ob Kurt mit seinen Soldaten singt? 'Eine Kompanie Soldaten' würde vielleicht besser zu ihm passen. Eine Kompanie ist überschaubar, eine geschlossene Einheit, keine Wanderer in der Nacht. Doch das Kompanielied spricht von Freud und Leid der Soldaten. Es kommt auch nicht um den Schmerz herum.

Cecil

Frauen, so scheint es mir, lassen den Schmerz eher zu. Ich sehe auf dem Zürcher Bahnhof Frauen, die weinend den Perron verlassen. Eine unter ihnen kommt mir plötzlich so bekannt vor. Ist sie es oder ist sie es nicht? Doch, es kann niemand anderes sein als Cecil. Nur sie hat dieses dichte, aufregend schöne Haar mit dem rötlichen Schimmer. Ich rufe leise und doch hörbar ihren Namen. Sie dreht sich augenblicklich nach mir um, als hätte sie mich in ihrer Nähe gespürt. Und nun stehen wir uns gegenüber. Am liebsten würde ich sie umarmen. Aber ich trau mich nicht. Sie sieht so aus, als hätte sie grad eben schmerzlich Abschied genommen von jemandem. Vielleicht von ihrem Mann?
Mensch, Cecil, dass ich dich wieder sehe! Wo kommst du denn her?
Aus Zürich. Ich wohne hier.
Und wir haben uns nie getroffen? - Seit drei Jahren lebe ich auch in Zürich, im Haus meiner Großmutter. Ich habe im Scheiblauer Seminar meine Rhythmikausbildung gemacht.
Dann haben wir ähnliche Berufe. Ich bin Kindergärtnerin geworden.
Wollen wir im Bahnhofbuffet einen Kaffee trinken? Wir müssen unser Wiedersehen ein wenig feiern.
Natürlich, das machen wir.
Cecil hängt sich bei mir ein, und in alter Vertrautheit steuern wir dem Restaurant zu, setzen uns an einen kleinen runden Tisch und jede bestellt ihren Kaffee, ihren Gipfel. So wenig braucht es, um eine Mädchenbekanntschaft aufleben zu lassen. Weißt du noch? - Wir zählen alles auf, was uns miteinander verbunden hat in der Realschulzeit.
Wir wollten doch immer die Besten sein beim Rezitieren von Gedichten.
Waren wir auch, sagt Cecil.

Haben wir uns eigentlich bekämpft?
Auf eine Art schon, aber wir fühlten uns auch als heimlich Verbündete, interessiert an der selben Sache. Beide wollten wir Schauspielerinnen werden und dazu hat es ja leider nicht gereicht.
Schwebt nun gemeinsam verbrachte St. Gallerschulzeit wie eine rosarote Wolke über uns im Bahnhofbuffet Zürich?
Wir lachen über Schulereignisse, die noch gar nicht weit zurückliegen, bis Cecil sagt: eigentlich wäre es mir gar nicht ums Lachen heute.
Wir sind jung, entschuldige ich uns. Und bei jungen Menschen gehen Lachen und Weinen eben schnell ineinander über.
Da hast du recht, meint Cecil. Gott sei Dank sind wir noch jung. Wenn ich mir die Leute in der Stadt so ansehe, finde ich die mittlere Generation am unerträglichsten. Die meint ja wirklich, sie allein müsste die Verantwortung tragen, auch die für das Weltgeschehen. Wie Lastesel kommen mir die Mittleren vor. Meine Schwiegermutter jammert den ganzen Tag. Es ist nicht zum aushalten. Dabei haben wir zu essen, mehr als genug. Wir brauchen die Rationierungskarten nicht. Der Schwiegervater ist Bäcker, die Schwiegermutter eine Metzgerstochter.
Du bist also verheiratet? So jung und schon verheiratet? Ich dachte, du wärst Kindergärtnerin.
Das war ich. Leider nur ganz kurze Zeit. Ich habe dann einen Blödsinn gemacht, einen großen Blödsinn!
Kann ich mir bei dir gar nicht vorstellen. Du warst doch immer...
Seriös? Wolltest du das sagen? Das hat die Waisenhausmutter oft von mir gesagt und somit mein Image geprägt. Leider hat sie sich getäuscht. In einer kleinen Ecke meines Wesens bin ich wie du und viele andere, seriös. Doch meine übrige Person ist lebenslustig, lebenshungrig. Und weil ich so hungrig war nach Leben, habe ich einfach zugegriffen, bei der erst besten Gelegenheit. Kennst ja den Schlager 'Regentropfen, die an mein Fenster klopfen'. Er

tönte eines Abends, eines Sommerabends natürlich, aus einer Gartenwirtschaft, an der ich eben vorbei spazieren wollte. Ich musste stillstehen, die Melodie mitsummen, dann ging ich traumwandlerisch in den grünen Kastanienlaubgarten, setzte mich kurzerhand zu einem jungen Mann an den Tisch: „Isch's erlaubt?" - er nickte, lachte, bestellte auch für mich ein Bier. Wir prosteten, tranken, dann tanzten wir Wange an Wange und - es musste ja geschehen, es war mein erstes Abenteuer, wir schliefen zusammen. Kurze Freude, lange Reue. Kannst dir ja denken, warum. Ich wurde schwanger. Ein uneheliches Kind? Nein, das wollte ich nicht haben, das lag nicht drin für mich, auch nicht für Fredi. Wir heirateten. Ich lernte nun einen Mann kennen, der in keiner Weise zu mir passt.
Was für einer würde denn zu dir passen, Cecil?
Viel eher ein Zigeuner, sagt Cecil sehr ernst. Ich habe wahrscheinlich Zigeunerblut und glaube und hoffe es sogar, dass meine Mutter eine Zigeunerin war. Eine unkonventionelle, freie Frau, die tanzen konnte. Die Lust am Tanzen muss ich doch von ihr geerbt haben.
Und dein Kind?
Mein Kind? - Kurz vor der Geburt hatte ich eine schwere Nierenerkrankung. Daran ist mein kleiner Sohn gestorben. Ich beinahe auch. Nie mehr werde ich ein Kind haben können. Es ist sehr schwer für Fredi, schwerer noch als für mich. Seit dieser traurigen Geburt liegt ein Schatten über der Familie. Alle machen mir den unausgesprochenen Vorwurf: sie kann keinen Sohn, keinen Nachkommen gebären. Ich wäre ehrlich froh, Fredi würde sich eine neue Frau suchen. In diese Bäckersfamilie hinein gehören Kinder, Söhne vor allem. Die Schwiegereltern wollen Großeltern werden. Fredi will Vater sein für einen Sohn, dem er eines Tages sein Geschäft übergeben kann.
Und du, was würdest du machen?
Meinen Beruf wieder aufnehmen, Kindergärtnerin sein. Mit Kindern leben, egal, ob sie mir gehören oder nicht.
Cecil, verzeih, wenn ich dich frage: Hast du nicht geweint, als du von Fredi Abschied genommen hast?

Doch, ich habe geweint.
Ist das nicht ein Zeichen, dass du ihn magst, vielleicht sogar mehr als du denkst?
Ich habe von zwei Männern Abschied genommen. Da war noch mein Bruder, er muss auch ins Militär. Und ich weiß, dass er es nicht erträgt. Das Soldatenspiel ist nicht seine Sache.
Diesmal scheint es aber kein Spiel, diesmal scheint es ernst zu sein.
Schon, aber Res ist Pazifist. Er will mit Gewehr und Gewalt nichts zu tun haben. Wenn sie ihn zu irgend etwas zwingen, wird er störrisch sein wie ein Esel, dann spricht er mit niemandem und isst nicht mehr. Er war schon im Waisenhaus so. Ich kenne ihn und ich verstehe ihn auch.
Sehr nachdenklich sagt Cecil: Er ist ein dünnhäutiger Mensch.
Hast Du seinetwegen geweint?
Ja, seinetwegen.
Und der Abschied von Fredi macht dir keinen Kummer?
Nein, das ist ja das Schlimme: Ihn lasse ich einfach ziehen, schick ihm kaum einen Gedanken nach. Würde ich ihn lieben, wäre ich jetzt längst nach Hause gegangen zu den Schwiegereltern.
Cecil verstummt, bestellt sich ein Bier, zündet eine Zigarette an. Ich weiß nicht, was ich sagen soll. Cecils Sorgen ihre Sorgen sein lassen, mich verabschieden und gehen? Ratschläge erteilen? Es hat einmal einer zu mir gesagt: „Ratschläge sind Schläge." - Plötzlich platzt es aus mir heraus: Lass dich doch scheiden! - Mit der Unbekümmertheit eines jungen Mädchens sag ich das, als könnte ich Cecils Leben schnell zurechtbiegen, damit sie sich wieder wohl fühlt.
Sie schaut mich an und mit einem Seufzer der Erleichterung sagt sie:
Meinst du wirklich, ich soll mich scheiden lassen?
Ja, sag ich lachend, mach's doch.
Cecil lacht auch. Gute Idee, eigentlich das einzig Richtige. Aber wo soll ich hin, wenn sie mich fortjagen?

Dann - dann ... kommst du zu mir nach Wildhaus. Morgen fahre ich ins Toggenburg und werde den ganzen Sommer über im Ferienhaus meiner Eltern Franzosenkinder betreuen.
Ganz allein?
Nein, ich brauche eine gewisse Starthilfe. Anfänglich wird Magdi bei mir sein.
Deine Freundin, die Tochter des Geigenbauers Sprenger? Die hast du ja immer gemocht, hast in vielen Fächern neben ihr gesessen. Das ist mir alles noch gegenwärtig. Ich sehe auch Frau Sprenger vor mir mit ihrem freundlichen Gesicht. Und Magdis Brüder, begabte schöne Männer, für die ich heimlich schwärmte. Hat Magdi keinen Beruf?
Noch nicht. Ich weiß nicht, wofür sie sich entscheiden wird.
Ach, sie müsste gar keinen Beruf haben. Die kann ja schon alles. Sie scheint irgendwie schon so erwachsen zu sein. Findest Du nicht?
Ob der frühe Tod ihres Vaters daran Schuld ist? Ich könnte mir denken, dass sie einem anspruchsvollen Leben entgegen geht.
Bist du eigentlich Hellseherin, Cecil?
Ja, in einer gewissen Weise bin ich es vielleicht. Jedenfalls habe ich in der Waisenhauszeit ein Gespür entwickelt für Menschen.
„Frölein, zahle!" Ich muss gehen, Cecil. Meine Großmutter wartet auf mich. Mach's gut. Komm bald. Magdi wird nicht lange in Wildhaus bleiben. Ihre Schwägerin erwartet das erste Kind und Magdi will die Geburt miterleben, darauf freut sie sich schon lange. Du siehst, ich rechne schon mit dir. Hier noch meine Adresse.
Wir umarmen uns, dann geht jede ihren Weg. Ich schaue zurück, Cecil winkt. Die Verbindung zwischen uns ist hergestellt.

Unterwegs

In Lisighaus steigen meine Freundin Magdi und ich aus und das gelbe Postauto fährt weiter zur Endstation Wildhaus. Wir sind jetzt in der Gegend von Huldrych Zwingli. Hier hat er seine Kindheit verbracht. Wir nehmen uns einen Augenblick Zeit, sein Vaterhaus, ein von der Sonne gebräuntes Toggenburgerhaus, außen und innen zu betrachten. Beim Gang durch die niedrigen Kammern habe ich das Gefühl, hier dämmere Vergangenheit vor sich hin. Ich schaue durch die Schiebfensterchen hinüber zu den Churfirsten. Zwingli hat sie auch gekannt und ich nehme an, er hat sie geliebt, die ewig schweigenden Berge.
Wir verlassen das dunkle Haus, treten wieder hinaus in den Sonnenschein und machen uns auf den Weg zur Schwendi. Die Sonne brennt, der Weg ist steil, der Rucksack schwer. Wenn ich heute an ihn denke, kommt er mir vor wie ein Wundersack. Alles, was ich unbedingt brauchte für ein halbes Jahr, hatte Platz in ihm. Ich bin stolz, dass ich mit wenig Kleidern und wenig Dingen auskomme. Ich höre meine Mutter sagen: Schlepp nie zuviel Ware mit dir, sie belastet dich nur. Mutter reist immer mit leichtem Gepäck.
Wir haben den steilen Hang nun hinter und nur noch ein kleines Stück Straße vor uns. Alles ist schön, wohin das Auge sieht. Leichte Sommerwolken segeln am Himmel, als hätte ein Pinsel sie hingetupft. Und links und rechts von der Straße im satten Bergwiesengrün die vielen Blumen, die zu meinem Leidwesen bald gemäht werden müssen. Noch eine Wegbiegung und 'unser' Haus wird sichtbar. Das Haus mit der Lärche oben in der Wiese! Magdi sagt: erstaunlich, was so ein Toggenburger Haus ausstrahlt. Aber - Näfs Haus? Was haben sie gemacht mit ihrem alten schönen Haus an der Straße?
Es ist abgebrannt. Wusstest Du es nicht?
Doch, das hast du mir erzählt. Aber ich dachte, sie würden es wieder so aufbauen, wie es war.

Das ging nicht. Genormte Häuser sind billiger und Katrin Näf hat Freude an ihrem neuen Laden. Endlich hat sie ein Schaufenster und einen Kühlschrank. Trotz der schönen Aussicht auf den Säntis war der alte Laden, jene niedrige kleine Stube mit der hohen Schwelle unbequem. Hundertmal am Tag musste Katrin sagen: „Hansli, hol mer es Mödeli Butter im Chäller!" Oder Käse oder Wurst, Most, Eier und immer ging er, trepp ab, trepp auf und holte alles für die Kundinnen seiner Mutter. Doch aus dem kleinen ist längst ein großer Hans geworden.

Wir kaufen nun im neuen Laden Brot, Butter, Milch, Eier und Käse ein. Kurzer Schwatz mit Katrin Näf. Sie gibt Magdi und mir die Hand. Ihre Arme sind braun, auch ihr Gesicht ist sonnenverbrannt. Sie trägt eine blaue Schürze aus festem Stoff. „Bisch all no die glich!" Sagt sie zu mir. Und ich sage: „Sie au, Frau Näf."

So will es unser Begrüßungsritual. Wie wir dann gehen, sagt sie: „Bald wider!"

Auf dem Wiesenweg, der zum Haus führt, reden wir nur noch über unseren Hunger und vom Essen. Kaum angekommen, machen wir es uns in der Küche gemütlich. Magdi deckt den Tisch, zündet eine Kerze an, brät sich und mir ein Spiegelei auf dem elektrischen Herd, brüht Kaffee an. Ich mache Feuer im Holzherd, damit die Nordstube abends eine warme Kunst hergibt. Immer wieder fasziniert mich die Wärmeverbindung: Flackerndes Feuer in der Küche, warmer Ofenplatz in der Stube. Herd und Kunst sind Freunde!

Wir essen und trinken ohne viel Worte. Magdi meint, schweigend zusammen essen funktioniere am besten zwischen Menschen, die sich kennen. Schweigende Übereinkunft.

Ein Anruf vom roten Kreuz unterbricht unsere Stille. Morgen, so wird uns gemeldet, sollen zwei Buben eintreffen in Nesslau. Wo ist denn das dritte Kind geblieben? Wir rätseln hin und her, was mit ihm passiert sein könnte. Diese Ungewissheit lässt uns lange nicht einschlafen. Ich erzähle Magdi noch von meinem Zusammentreffen mit

Cecil am Hauptbahnhof Zürich. Von meinem Schatz sage ich kein Wort. An ihn will ich ganz alleine denken.

Die Buben

Gestern ein wunderschöner Wildhauser Föhntag und heute regnet es Bindfäden in einen dichten Nebel hinein. Es bleibt mir nichts anderes übrig: Ich muss durch diesen Regen hindurch, hinunter zur Poststation Lisighaus. Windjacke und Schirm halten dem Wetter nicht stand. Nass steige ich ins Postauto und empfange am Nesslauer Bahnhof zwei ebenso frierende Kinder: Robert und Fernand.
Mensch, denke ich, was soll ich bloß mit ihnen anfangen? Und wo ist das dritte Kind?
Eine Rotkreuz-Schwester sagt mir, Georges, der Kleinste, wäre noch in Genf und müsse sich dort in einem Spitalbett erholen. Ich würde dann Bescheid erhalten, wann ich ihn in Nesslau abholen könne. Ich bringe Robert und Fernand zum Postauto. Gepäck haben sie keines. Jeder trägt nur eine Lunchtasche mit sich. Sie tun mir leid, dass sie, kaum angekommen, tropfnass werden. In ihren abgetragenen dünnen Matrosenanzügen und den aufgeweichten Turnschuhen müssen sie im Postauto und erst recht auf dem Weg zur Schwendi jämmerlich gefroren haben.
Hat das warme Bad im Wäschezuber geholfen, die Kinder ein wenig aufzuwärmen, seelisch und körperlich? Oder war es eher ein Schock für sie: So viel Ungewohntes, Neues. Fremdes Essen, fremdes Land, fremde Menschen, eine andere Sprache. Und auch so komische warme Kleider: Polohemden und warme Unterhosen! Es sind noch keine Pyjamas vorhanden.
Wir können keinerlei Fragen stellen, heute nicht. Wir handeln nach unserem Gutdünken. Plötzlich kommt mir Großmutters alte Musikdose in den Sinn. Magdi und ich stellen sie mit vereinten Kräften dicht neben dem Buben-

zimmer auf den Kindertisch im „Gängli." Ich schiebe die Metallplatte mit der Marceillaise unter das Zahnrad, drehe am Hebel und schon dröhnt es durchs Haus: 'Allons enfants de la patrie, le jour de gloire est arrivé.' - Robert und Fernand springen aus ihren Betten. Die Melodie und der ganze Apparat fasziniert sie. Sie kommen kaum mehr los davon. So verschafft uns die alte Musikdose einen ersten Kontakt zu zwei fremden Kindern.

In den kommenden Tagen erfahren wir mehr über die beiden Buben.

Sie erzählen uns, dass sie Halbbrüder sind. Ich kann mir aber kein Bild machen von der Familie, aus der sie kommen. Sie reden nicht über ihre Eltern, nicht über ihr Zuhause. Robert scheint ein Schlägertyp zu sein. Er geht lieblos um mit Fernand, lieblos auch mit Dingen. Draußen sucht er sich jeweils einen Stecken und schlägt kurz und klein, was ihm gerade in den Weg kommt. Mit Vorliebe köpft er Wiesenblumen. Ihn daran hindern? Manchmal sage ich, das sei bei uns nicht Sitte.

In seinem jungen Leben haben andere ihm wohl sehr viel kaputt geschlagen. Nicht zuletzt Leute wie Pétain, ein Anhänger der Nazis. Überall hat Hitler seine Finger mit im Spiel. Überall! Auch bei diesen Kindern. Es kommt nicht von ungefähr, dass Fernand ein gedrücktes Kind ist. Ob er je heraus kommen kann aus seiner Verschlossenheit? Da steckt er drin wie in einem finsteren Turm. Was hat er mitansehen und erleben müssen? Wie kann ich ihn aus seinem Turm befreien? Hilft essen? Ein Stück weit hilft es. Jeden Tag zur gewohnten Zeit essen und dabei satt werden, gibt den Buben wieder Boden unter die Füße. Essen ist Nahrung für Leib und Seele. Schönes Wetter hilft auch. Wenn wir draußen unter der Lärche am Holztisch sitzen und jeder zum Frühstück seine Portion Honigschnitten verzehrt, seine Milch getrunken hat, stellen Robert und sogar Fernand mit der Zeit Fragen. Wir haben ihnen schon Etliches erzählt aus der Gegend. Nun wollen sie wissen, wie die Berge heißen, wie weit es bis zum Säntis hinauf sei, ob es noch Schnee habe dort oben, wo

es Alpenrosen gäbe, wo die Sennhütte von Näfs sei, wann die Heidelbeeren reif würden, ob ich ihnen den Bach zeige, damit sie ihre Füße baden könnten und ob wir einmal Schiffli fahren gingen auf dem Schwendisee.
Und immer öfter taucht die Frage auf: Wann kommt Georges? Ihn erwarten sie wie einen Bruder.
Eines Tages ist es dann soweit. Ich hole Georges in Nesslau ab. Beim Anblick des verweinten, total verängstigten Buben bin ich wieder maßlos erbittert über den Krieg.
Georges ist sechs Jahre alt, sieht aber aus wie ein Vierjähriger. Alles an ihm scheint zerbrechlich.
Die Buben, kaum betreten wir das Haus, möchten den Kleinen trösten und umsorgen. Es ist nicht möglich. Georges sieht in der Stube das kleine schmale Kanapee. Da wirft er sich einfach hin der Länge nach und schluchzt in die Kissen hinein. Ununterbrochen weint er, antwortet auf keine Frage, isst nicht, wendet sich ab, igelt sich ein.
Früh am Abend richtet Magdi ein Bad her für ihn, wie üblich im Wäschezuber neben dem warmen Herd. „Das hilft" sagt sie. „Aber du musst ihn waschen, du bist seine maraine de guerre. Mit dir muss er in Kontakt kommen. Nimm ihn einfach in den Arm, als wäre er viel jünger."
Das tue ich und es wirkt Wunder. Nach dem Bad ziehe ich ihm ein neues Pyjama an. „Que tu es beau!" Wir umringen und bestaunen ihn. Da lacht er tatsächlich und ich sehe den Schalk in seinen Augen.
Beim Nachtessen bleibt er auf meinem Schoß sitzen, trinkt eine Tasse Milch, isst ein Butterbrot. Dann trage ich ihn die kleine Treppe hoch in den oberen Stock. In der Kammer, in der Robert und Fernand schlafen, wartet das dritte Bett auf ihn.
Da liegt er nun, klein, ausgeliefert allem, was geschieht und schon geschehen ist. Ich lösche das Licht im Zimmer. Draußen helle Mondnacht, Sterne am Himmel und der Duft vom Heu. Magdi und ich singen 'bonsoir', den Kanon aus der Pfadizeit, meist an Lagerfeuern gesungen. Ich sitze bei Georges am Bettrand. Plötzlich, während des

Singens, schiebt er seine kleine Hand in meine Hand. Es berührt mich, dieses Zeichen von Vertrauen.

Überraschungen

Früh morgens um vier ein Telefonanruf von Anni, Magdis Schwägerin. Das Kind, ihr Kind sei unterwegs! Magdi verliert keine Minute Zeit. Stehend trinkt sie den Kaffee, den ich ihr in der Küche bereitstelle. Dann will sie auf leisen Sohlen das Haus verlassen und abfahren nach St. Gallen. Doch so ohne weiteres kann sie nicht verschwinden. Die Buben sind hellhörig. Plötzlich stehen sie da, alle drei, um Adieu zu sagen. Es ist ein zärtliches Abschiednehmen mit vielen Küssen. Mit einem Mal sind sie so sehr die Kinder ihres Landes: Liebenswürdige, höfliche Franzosen. Sie schleppen Magdis Gepäck hinunter zur Straße, wo das Taxi wartet. Noch einmal Küsse, Liebeserklärungen. Magdi steigt ein, wir winken. Nach der ersten Wegbiegung verschwindet das Auto aus unserem Blickfeld.
Während des Frühstücks reden wir über Freundschaft. Die Buben wollen wissen, wo und wie Magdi lebt. Von ihrem Vater muss ich erzählen, dem Geigenbauer Sprenger. Dass er Geigen hergestellt, auf ihnen gespielt und sie auch verkauft hat, wie früh er gestorben ist und wie traurig es für Magdi war. Die Buben wollen sich ein Bild machen von meiner Freundin, dieser schönen jungen Frau, die sie nie mehr sehen werden. Nur das Erinnerungsbild können sie mitnehmen. Vielleicht auch ein vages Bild vom Geigenbauer Sprenger.
Nach einem ruhigen Tag, an dem wir noch oft über Magdi reden, schellt abends das Telefon. Eine Frau Zollinger aus Zürich ruft mich an. Sie sei die Nachbarin meines Freundes Kurt, sagt sie. Er hätte ihr erzählt, ich würde im Toggenburg als maraine de guerre drei Franzosenbuben betreuen. Sie sei eben auch eine 'maraine de guerre'. Nun

wäre ihr Mann schwer erkrankt und liege im Spital. Sie könne ihn nicht im Stich und ihre beiden Franzosenbuben nicht allein zu Hause lassen. Ob ich eventuell - ja - ob ich noch Platz hätte für Raymond und Julien? Es handle sich um lebhafte, aber gut erzogene Kinder und sie würde Kost und Logis bezahlen.
Kurt, was hast du mir da eingebrockt! Doch ich sage zu. Kaum habe ich den Hörer aufgehängt, höre ich Roberts Stimme aus dem Schlafzimmer:
„Wer hat telefoniert?" Hallo, denke ich, was geht ihn das an! Ist doch allein meine Sache. Alle drei Buben rufen nun meinen Namen. Ich setze mich zu ihnen ins Schlafzimmer. Sie quetschen mich richtig aus. Seit Magdi weg ist, sind sie viel direkter zu mir, auch distanzloser. Sie wollen mich mit niemandem mehr teilen. War meine Zusage an Frau Zollinger eine Fehlentscheidung? Diese Kinder haben weiß gott ein Recht auf Intimität.
Wir sind hier kein Kinderheim, sagt Fernand zu mir. Wir sind eine Familie. Sehr ernst sagt er es. Ich bin froh über seinen Protest. Es ist gut, wagt er endlich zu sagen, was er denkt.
Raymond und Julien darf ich mit keinem Wort mehr erwähnen. Die Buben haben beschlossen, sich nicht auf sie zu freuen. Nachts wälze ich finstere Gedanken, finde mich selber unmöglich, so schnell gehandelt zu haben.
Anderntags schon wieder ein Anruf in der Morgenfrühe. Diesmal ist es mein Freund. Während des Telefonierens stehen die Buben neben mir und hören zu. „Eifersüchtige kleine Männer", denke ich. Die nehmen mir ja die Luft weg! Wird es jedesmal so sein, wenn Kurt telefoniert? Ein ganzer Kinderknäuel um mich herum? Und zu Hause meine Eltern, die von alledem nichts wissen dürfen? Wo bleibt da meine persönliche Freiheit? Immer schön brav Auskunft geben über das, was ich tue? Nein!
„Wisst ihr was", sage ich zu den Kindern. Wir gehen jetzt die Füße baden im Bach. Wir nehmen den Milcheimer mit und füllen ihn mit Heidelbeeren. Der Wald ist blau davon. Über meinen Freund will ich nicht mit euch reden. Ich er-

zähle euch lieber Geschichten. Morgen abend werde ich mit der Heidigeschichte beginnen, das heißt, ich lese sie vor, französisch natürlich und wenn ich stolpere, könnt ihr mir die Wörter richtig vorsprechen.
Die Heidigeschichte wurde schon oft und wird immer wieder kritisiert und analysiert. Für meine Kinder war es genau die richtige Geschichte. Da gibt es so viele Parallelen zu ihrem momentanen Leben im Toggenburg. Beispielsweise der Baum: Die Lärche dicht neben dem Haus. Heidi hat unter der Tanne neben der Alphütte gestanden und dem Rauschen des Windes zugehört. Robert stellt sich unter die weit ausladenden, tief herabhängenden Äste der Lärche. Manchmal legt er sich ins Gras und schaut in den Wipfel des Baumes. „Ich höre auch Windrauschen und Vogelgesang wie Heidi", sagt er dann.
Eines Tages erobert er seinen Baum, indem er hinaufklettert in die grüne Krone. Er sucht sich einen Ast, setzt sich darauf, erklärt ihn zu seinem Lieblingsplatz und beginnt zu stricken.
Ich habe den Buben an Regentagen das Stricken beigebracht. Das haben früher die Schäfer gemacht, sage ich ihnen. Ihr braucht euch nicht zu schämen, stricken ist eine Männererfindung. Robert ist der beste Stricker. Er hat mir Pulswärmer gestrickt, die ich noch heute trage an kalten Wintertagen.
Doch zurück zu unserem Heidelbeerausflug. Die Füße sind gebadet, gekühlt, die Beeren eingesammelt. Fernand trägt sie im Milcheimer nach Hause. Juhuhu! - Wer war das? Wer sitzt dort neben unserem Haus unter der Lärche? Die Buben schauen mich vorwurfsvoll an, sagen kein Wort. Sollen sie halt trotzen! Ich schicke einen Juchzer zurück. Ein Juchzer für Kurt, der mich mit seinem Besuch überrascht. Ich fange an zu rennen, renne über die frisch gemähte Wiese in seine Arme. Ein kurzer Moment paradiesischen Glücks!
Hast du Urlaub? Wie lange?
Zwei Tage.
Und du bleibst bei mir?

Ja, und hier sind deine Schützlinge: Raymond und Julien. Frau Zollinger hat sie mir nach Nesslau gebracht. Zwei offene Kindergesichter schauen mich an. Und bewegte Tage werden auf uns zukommen.

Raymond und Julien

Ist uns beiden, Kurt und mir ein trautes Wochenende beschieden? Spaziergänge Hand in Hand? Miteinander im See schwimmen? Miteinander essen gehen in der Alpenrose? Miteinander schlafen, die nächste Nähe des Geliebten genießen? Davon können wir nur träumen! Wir liegen zwar nachts im selben Bett, kuscheln uns aneinander und das ist schön. Doch mit der Sexualität gehen wir behutsam, gehen wir risikolos um, und zum reden sind wir schon zu müde.
Tagsüber verhalten wir uns nicht wie ein Liebes- vielmehr wie ein Ehepaar, rund um die Uhr beschäftigt mit Hausarbeit und Kindern. Meine drei Buben vergessen ihren anfänglichen Groll gegen die Neuankömmlinge. Sie führen Raymond und Julien ums Haus herum, führen sie durchs Haus und landen, wie könnte es anders sein, bei der Musikdose. Zu den Klängen von 'rands des vaches' kochen Kurt und ich das Mittagessen. Kaum sitzen wir am Tisch unter der Lärche, die volle Spaghettischüssel vor uns, sagt der kleine Julien: „Il n'y a pas de vin" ? Und der ältere Bruder ergänzt: „Wissen Sie, wir trinken immer Wein zum Essen." Kurt, der Grafiker, will mit einem Werbetext den Buben die Schweizermilch schmackhaft machen, hat aber keinen Erfolg damit. Die Franzosen bleiben bei ihrem Wein. Im Gegensatz zu meinen Buben reden Raymond und Julien am liebsten über ihr Elternhaus und über ihr eigenes Land. Dadurch wird bei uns, mitten im bergigen Toggenburg, die Atmosphäre immer französischer. Mir gefällt das. Ein Hauch Frankreich unter der Schweizer Lärche, ein Hauch Frankreich in Schweizer Stuben!

Raymond erzählt an diesem ersten gemeinsamen Essen mit leuchtenden Augen von seiner maman. Wie schön sie sei. Sie hätte blonde Locken, leider nur noch wenig Zähne. Trotzdem sei sie die schönste Frau, die er kenne. Sie sei auch klug und selbstlos. Und nur er hätte ihre Hände und Füße geerbt. Am Tag seiner Geburt, das würde sie ihm immer wieder sagen, hätte die Erde geblüht und geduftet, die Vögel hätten jubiliert, die Sonne gestrahlt. Darum sei auch er so schön geworden.

Der kleine Bub schaut in die Runde, fühlt sich als Prinz und ist ja auch der Prinzensohn seiner maman.

Julien, jünger, unscheinbarer als sein Bruder, murmelt nur so vor sich hin: Dich hat maman am liebsten. Zu mir sagt sie immer nur: „Tu m'en bête", (du langweilst mich). Aber, - und nun leuchten seine Augen, - Papa kann mich brauchen. Er sagt, ich sei der Fleißigste von allen. Ich füttere die Hühner und Kaninchen und helfe ihm beim Pflanzen. Er schlägt mich nie. Er sagt: „Tu es mon camarade."

Will der Große dem Kleinen die Show stehlen, indem er weiterschwärmt von maman? Sie könne wunderbar kochen. Nicht mit Milch, wie die maraine aus Zürich. Natürlich nur mit Wein. Und sie nähe Matratzen, stopfe sie mit Farnkraut. Sogar auf der Flucht während des Krieges, hätte sie Matratzen und Schlafsäcke genäht und sie hätten darin übernachtet, einmal sogar in einem Bombentrichter und immer wieder in Straßengräben. Er müsse in der Schweiz noch starke Schnüre und Sattlernadeln besorgen für maman.

Kurt nimmt sein Notizbuch zur Hand. Sattlernadeln und Schnüre! - ich habe es aufgeschrieben, Raymond. Ich schreibe alle eure Wünsche auf und werde sie euch erfüllen.

Großes Staunen. Nur ich stelle eine Frage: „Woher nimmst du soviel Geld?"

Kein Problem. Ich suche Spender. Es gibt genügend spendefreudige Firmen in der Schweiz.

Es ist plötzlich still am Tisch. Wünsche aussprechen, eigene Wünsche? Wünsche überhaupt haben dürfen? Wünsche, die in Erfüllung gehen?
Julien unterbricht die Stille und sagt zu Robert, der neben ihm sitzt: „Wünsch dir eine Handorgel." Weißt du, mein Papa hat eine, und wenn er spielt, wird es lustig. Dann tanzen wir alle in der Küche oder draußen. Es kommen dann immer mehr Leute und Papa wird so übermütig, dass er die Locken von maman frisiert, und wenn sie so schön dasitzt, holt er ein Blatt Papier und zeichnet sie ab und alle schauen zu.
Zeichnen! Bestimmt ein Zauberwort für Kurt. Es ist, als hätte er auf dieses Wort gewartet. In Windeseile durchstöbert er meine Schränke, sucht nach Packpapier, Zeitungen und Karton, breitet alles auf dem Gartentisch aus. Malstifte hat er immer bei sich.
Kommt, ihr könnt nun malen und zeichnen, was ihr wollt: Eure Wünsche, Euer Zuhause. Du Raymond deine maman, du Julien den Papa und die Hühner und die Kaninchen.
Gut, aber du musst den Gockel malen, das kannst du besser als ich. Du bist ja der Künstler.
Kurt malt ein wunderschönes Federvieh in Juliens gelbe Kükenschar hinein. Er hat noch einen zweiten Hahn gemalt. Einen für mich. Zu den Kindern sagt er, ich würde nie eine Uhr tragen, wisse nie genau, wie spät es sei, deshalb male er mir einen Gockel ins Haus, der mich morgens aufwecke. Am liebsten würde er ihn über mein Bett malen, doch so etwas sei im Ferienhaus Kutter strengstens verboten. Ein fremder Maler, der einfach so etwas hinschmiere!
Ich habe lang nach dem verborgenen Hahn gesucht, hab ihn schließlich gefunden, unten im leeren Ziegenstall. Ich weiß, warum er dort im Dunkeln so klein und in eine Ecke gemalt sein Leben fristen muss. Es hat mit meinem Vater zu tun. Er hat kein Verständnis für die spontanen Einfälle meines Freundes. Dass ich mich mit diesem kreativen, verspielten Partner zusammentun möchte, passt meinem

Vater nicht. Hat er Angst, ich würde überborden, ihm entgleiten, vielleicht sogar auf eine schiefe Ebene geraten? - Was weiß ich! Irgendso etwas muss es gewesen sein. Jedenfalls versucht er abzublocken, was mir entspricht, mich begeistern kann. Kurt weiß es, wir sind beide traurig darüber. Unser Zusammensein in Wildhaus geschieht heimlich, ohne das Wissen meiner Eltern.
Kurt schreibt und schreibt, sucht Adressen aus Telefonbüchern, steckt zu jedem Bettelbrief eine Kinderzeichnung ins Couvert, schickt die Briefe in alle Lande und was daraus entsteht, gleicht einer Lawine, in der ich beinahe ersticke. Ich hätte nie gedacht, dass so viele Firmen Kinderwünsche erfüllen. Über kurz oder lang hat jedes Kind den Gegenstand, den es sich ersehnt hat. Robert hoch oben auf dem Baum mit seiner Handorgel! Ein unvergessliches Bild! Sogar eine Schildkröte aus dem Zürcher Zoo ist bei uns angekommen. Und die Direktion der Säntisbahn schickt uns Gutscheine für Gratisfahrten auf den Säntis.
Doch es wird mir alles zuviel: Ausflüge mit der Bahn oder zu Fuß, Pakete abholen im Postbüro, einkaufen, kochen, von Hand waschen, putzen! Cecil, so denke ich immer wieder, wäre meine Rettung. Doch sie meldet sich nicht.

Brief an Cecil

Liebe Cecil, heute schreibe ich dir aus einem ganz bestimmten Grund. Ich muss dir folgendes mitteilen: Meine Franzosenkinder und ich hatten gestern ein schlimmes Erlebnis. Auf einer Bergtour zum Voralpsee wäre der kleine Georges beinahe gestorben. Plötzlich, zum Glück in der Nähe des Berghotels, fiel er um, griff sich ans Herz und rief: Ich kann nicht mehr! Ich renne zu ihm, hebe ihn auf, bette ihn in den Schatten einer Tanne und fühle seinen Puls. Er war kaum spürbar. Kannst dir ja denken, wie mir zumute war. Ich trug den Kleinen ins Bergrestaurant.

Die Wirtin hat mir sehr geholfen. Sie stellte ein Bett zur Verfügung für Georges, brachte ihm ein Glas Wasser, telefonierte dem Arzt und spendierte jedem meiner Buben einen Sirup. Ich sagte zu den Kindern, sie sollten allein nach Hause gehen, bevor es Abend werde. Den Weg würden sie finden, er sei ja markiert. Zu Hause könnten sie sich selber verpflegen. Unglaublich, wie verlässlich Kinder in Notsituationen sein können. Sie sind den Erwachsenen absolut ebenbürtig und sie fassen auch eigene Entschlüsse. Robert hat mit aller Bestimmtheit gesagt, er würde mich nicht allein lassen, er würde mir helfen, Georges nach Hause zu tragen. Fernand fühlte sich augenblicklich für Raymond und Julien verantwortlich. Er nahm sie bei der Hand und trat mit ihnen den Heimweg an. Der Arzt ließ lange auf sich warten. Er war leider Gottes nicht der hilfreichste. Seine Diagnose: Das Kind ist herzkrank. Es dürfe im Moment keinen Schritt gehen und Medikamente wären die Sache des Hausarztes. Dann fuhr der Herr Doktor aus Grabs ab in seinem Auto, dem einzigen Fahrzeug hier oben. Die Wirtin schüttelte den Kopf. Der hätte Euch mitnehmen können, jetzt, wo es dunkel und kühl wird. Ja, es wurde so dunkel, dass wir uns im Wald verirrten. Wir stolperten über Stock und Stein und verloren die Richtung. Von Zeit zu Zeit mussten wir uns setzen, um Kraft zu sammeln. Robert hat sich sehr bewährt. Er wurde mir zum Freund in dieser Nacht. Und doch war ich froh, heilfroh, als plötzlich ein dünner Lichtstrahl durch den Wald geisterte und jemand laut hoho rief. Ein Soldat, stell dir vor, ein unbekannter Soldat trat aus dem Dunkel auf uns zu. Da sind sie ja, die verlorenen Schafe, sagte er. Am liebsten hätte ich ihn umarmt, so erleichtert war ich. Das grenzt an ein Wunder, sagte ich zu ihm. Wer hat sie denn informiert? Seine Antwort: Deine Franzosenkinder. Ich holte zu später Stunde noch Zigaretten im Näfladen, da traf ich deine Buben. Sie erzählten, was passiert war, und ich machte mich gleich auf den Weg. - Es hat mich gefreut, dass er mich duzte. Ich hätte auch gerne 'du' gesagt. Du mein lieber Schutzengel, hab tau-

sendmal Dank für deine Hilfe. Das hätte ich in den Wald rufen mögen, in den dunkeln Wald, der mich nun nicht mehr bedrohte.
Der kleine Georges, das wusste ich, würde in den Armen seines Retters überleben können.
Im Licht der Taschenlaterne fanden wir den Heimweg. Als ich mich, zu Hause angekommen, von meinem Helfer verabschiedete und ihm dankte, sagte er: Schon gut, das war nichts anderes als Soldatenpflicht. - Stell dir vor: Der Soldat als Retter, nicht als Krieger. Wie friedlich unsere Welt wäre! Cecil, du wirst längst erraten haben, weshalb ich so ausführlich schreibe. Ich brauche Hilfe. Seit ich um die Krankheit von Georges weiß, bin ich ängstlich geworden. Ich zeige es zwar nicht, doch die Kinder spüren meine innere Spannung. Ich sollte viel mehr Zeit haben für Georges, habe sie aber einfach nicht. Da ist noch der Haushalt und die Buben wollen weiterhin spielen, wandern, baden mit mir. Könntest du kommen, im Fall du wirklich auszieht bei deinen Schwiegereltern? Gibst du mir Bescheid? Ganz herzlich,

deine Ursula.

Brief an meine Schwester Mädi

Wildhaus, den 14. Juli 1942

Liebe stumme Schwester, du bist hoffentlich noch nicht vor Kummer oder vor Glück gestorben! Bedeutet dein langes Stillschweigen, dass du sehr mit Arbeit überhäuft bist? Oder bist du ganz einfach schreibfaul? Erlebst du Hitze und Hetze in der Gärtnerei? Geben sie dir genug zu essen und etwas zu trinken? Hast du eine genügend lange Mittagspause? Wenn ich mit meinen Franzosenbuben unter der Lärche sitze, und mit ihnen esse, denke ich öfters an dich und wünsche dir auch einen kühlen Platz, an dem du dich körperlich erholen und mit den Gedanken ausschwärmen kannst. Was deine Kabisköpfe und Salatsetzlinge machen, interessiert mich eigentlich nicht sehr. Viel lieber wüsste ich, ob du einen Schatz hast. Du tust so geheimnisvoll. Bei dir weiß man nie so recht... . Du hast doch einmal für einen Typ geschwärmt, der ein eigenes Geschäft hat. Wenn du ein Arbeitstier würdest, nur schuften müsstest in einem Geschäft, tätest du mir richtig leid. Ich habe manchmal ein wenig Angst um dich. Von mir kann ich nur sagen, doch das darfst du nicht weiter sagen, dass ich mich wieder neu in Kurt verliebt habe. Kürzlich brachte er mir ein Dutzend Küchentücher, die er bei einer Handweberin gekauft hat. Mit jedem Stich nähe ich abends, wenn ich Zeit habe, einen Gedanken an ihn mit ein in den Saum. Kurt kommt oft zu mir im Urlaub und spielt dann auch mit den Kindern. Ich entdecke neue, sehr tolle Seiten an ihm. Trotzdem bin ich weniger zukunftsorientiert als er. Das gegenwärtige Leben ist prallvoll, frisst mich auf. Es passiert eben viel mit den Buben. Der kleine Georges ist auf einem Ausflug ohnmächtig zusammengebrochen. Bevor er zu uns ins Toggenburg kam, lag er ja in einem Genfer Spitalbett. Und stell dir vor, niemand hat mir gesagt, dass dieses Kind einen Herzfehler hat. Stets bange ich um den Kleinen. Die Genfer Rotkreuz-Schwestern waren so schludrig mir gegenüber. Ich habe Cecil geschrieben, habe sie gebeten, hieher zu kommen. Zu Hause bei ihren Schwiegereltern ist sie unglücklich und hier könnten wir es gut haben zusammen und ich müsste nicht alle Verantwortung für die Buben allein tragen. Nun bin ich grausam müde und möchte vor allem von dir bald etwas hören.

Herzlich Ursel

Brief von Mädi

Liebes Ursel,

also, die stumme Schwester meldet sich. Ich habe lange geschwiegen, weil ich es in diesem Gärtnerbetrieb streng habe. Die Meistersleute sind nett und ich habe genügend Freizeit, aber das ewige durch den Tag hindurchhetzen mit Setzlingen und vielen anderen Pflanzen, ist anstrengend. - In der Gartenbauschule wurden die Blumen bestaunt, weil sie schön sind und in einem Geschäft wird der Preis jeder Blume das Wichtigste. Es ist ja verständlich. Bevor ich hieher kam, war ich, wie du ja weißt, Gärtnerin bei dem reichen, alten Ehepaar Lüscher. Sie bewohnen ein nobles Haus. Ich besorgte allein den riesigen Garten, der eigentlich viel zu groß ist für eine Person. Obschon ich zur Familie gezählt wurde, fühlte ich mich einsam. Ich war pausenlos am Schaffen und manchmal liefen mir einfach die Tränen übers Gesicht. Hätte ich die Arbeit mit jemandem teilen, auch mit jemandem reden und lachen können, wäre es mir besser gegangen. Nach der unbeschwerten Zeit in der Gartenbauschule mit all den Kameradinnen, habe ich mir etwas anderes vorgestellt unter dem Gärtnerinnenberuf. Was mir bei der Herrschaftsfamilie Lüscher auch zusetzte, war ihr Klassendenken, die Unterschiede, die sie machen zwischen sich und den Angestellten. Wenn ich einmal in die Küche ging und mit der Köchin plauderte, gab es strafende Blicke von der Chefin. Die Köchin und das Dienstmädchen hatten zudem hinter dem Haus ihren Eingang. Sie mussten ihre Wäsche ganz separat waschen. Dieses herrschaftliche Getue ist mir fremd. Das sind wir uns nicht gewohnt, du nicht und ich nicht. Hier in der Gärtnerei gibt es wenigstens keine Klassenunterschiede. Trotzdem bereue ich, nicht Kindergärtnerin oder Krankenschwester geworden zu sein. Mutter wollte mich zur Gärtnerin machen. Ich hätte mich gegen sie durchsetzen und den Beruf wählen sollen, der mir entspricht. Ich bin nun einmal nicht wie Mutter. In ihrem letzten Brief hat sie mir geschrieben: Je älter ich werde, desto lieber und vertrauter werden mir die Pflanzen. Wenn ich noch lange lebe, fange ich an mit ihnen zu reden. - Soweit bin ich nicht, werde ich nie sein, ich rede viel lieber mit Menschen. Nachdem ich dir dies alles geschrieben habe, kannst du meine Stummheit wohl besser verstehen. Liebe Grüße,

Mädi.

Eines steht fest: Ich werde nie Pfarrersfrau, nie Geschäftsfrau sein!

Am See

Cecil ist da. Ich fühle mich entlastet. Wir sitzen am kleinen Schwendisee in der Sonne. Die Buben spielen im Wald. Und Mädi, meine Schwester? Gestern kam ihr Brief. Es tut mir richtig weh, dass sie es so schwer hat in ihrem Beruf. Ich sehe sie vor mir mit ihren Tränen im Gesicht. Endlich spricht sie aus, wie es ihr geht. Jungsein, den Lebensweg suchen und finden, ist manchmal ganz schön hart. Jetzt sitzen Cecil und ich nebeneinander, hier am See und jede geht ihren Gedanken nach.
Träume ich, Ursel, oder ist es wirklich war: Wir zwei nebeneinander auf weichem Moorboden, die Füße im Wasser! Du ahnst nicht, wie ich das genieße. Er ist schön, dein dunkler Waldsee.
Ja, er ist schön, ich liebe ihn auch. Die wenigsten Ferienleute wissen, dass es ihn gibt. Sie bleiben alle hängen am vorderen, großen Schwendisee. Dort baden sie, essen die Heidelbeersträucher leer oder gehen ins Restaurant. Unser Moorseelein mit dem Schilf, den Wasserpflanzen, den Enten ist zum Glück noch verborgenes Paradies. Cecil, sag, wie gefallen dir meine Buben?

Ich bin erstaunt, dass sie selbständig spielen, uns in keiner Weise stören.
Hier im Wald haben sie es gelernt. Für Georges wäre jede, auch die kleinste Tour zu anstrengend, also gehe ich bei schönem Wetter hieher. Anfänglich wussten die Buben nicht viel anzufangen mit sich und der Natur. Sie sammelten zwar Tannenzapfen, für mich, wie sie sagten, damit das Herdfeuer gut brenne und sie machten Tannzapfenschlachten. Sie warfen Steine in den See. Doch schon bald richteten sie sich im Wald häuslich ein. Du siehst, jeder hat seine Wohnung und jeder will den schönsten Moosgarten haben. Ich soll dann jeweils sagen, wo's mir am besten gefällt. Manchmal hocken wir am Ufer und schauen den Entenfamilien zu, so wie du und ich jetzt. Aber nun erzähl mir von Dir, Cecil. Gestern, wie du abends vor meiner Türe gestanden hast, hab ich mich wahnsinnig gefreut, bin aber trotzdem erschrocken. Du hast müde und sehr traurig ausgesehen. Irgendwie heimatlos.
Das bin ich ja auch. Aber schon heute ist mir anders zu Mute als gestern. Heimatlos werde ich streckenweise immer wieder sein. Halt einfach ein Waisenkind, doch die Waisenhausmutter hat mir kürzlich ganz toll geholfen.
Was ist denn passiert?
Eine merkwürdige Sache.
Cecil schweigt. Dann gibt sie sich Mühe, möglichst emotionslos diese merkwürdige Sache zu berichten.
Nun gut: Ich ging nach unserem Gespräch im Bahnhofrestaurant nach Hause, ohne Mann, ohne Bruder. Ich habe an der Türe geläutet. Die Schwiegermutter hat aufgemacht. Da bist du endlich, ich habe mit dir zu reden!
Ich hatte keine Chance sie zu grüßen, sie wollte nicht begrüßt sein. Und ich hatte keine Ahnung, worüber sie reden wollte. Sie befahl mich in die Küche. Auf zwei Hockern saßen wir uns gegenüber am Küchentisch. Ich hatte bereits ein schlechtes Gewissen, obschon ich mir keiner Schuld bewusst war. Diebin! Sagte sie. Zigeunerdiebin! Und sah mich eiskalt an. Ich konnte nichts entgegnen, ich

fiel aus allen Wolken. Meine Stummheit war für sie der Beweis meiner schlimmen Tat. Jaja, jetzt hat es dir die Sprache verschlagen.
Warum hast du dich nicht gewehrt, Cecil?
Ich konnte nicht. Es zog sich alles in mir zusammen. Ich war total steif. Das Wort „Zigeunerdiebin!" Diese Verleumdung immer. Was mir da in die Schuhe geschoben wird.
Plötzlich verlor die Schwiegermutter jegliche Kontrolle über sich. Sie riss mich an den Haaren und schrie: Gib endlich zu, du hast die Kette gestohlen! - Sie meint, ich hätte mich heimlich in ihr Schlafzimmer geschlichen und aus einer Schmuckschachtel ihre goldene Kette mitlaufen lassen. Ich kenne ihr Schlafzimmer kaum. Diese Schatulle schon gar nicht. Die Kette hatte ich nie gesehen. Es sei ein Geschenk ihres Mannes, sagte die Schwiegermutter. Nein, sie sagte es nicht, sie schrie es und sie drohte mit der Polizei. Am nächsten Morgen tauchte tatsächlich ein Polizist auf. Er verhörte mich, trieb mich in die Enge. Außer mir sei ja niemand im Haus, sagte er, nur ich könne es gewesen sein. Ich solle nicht so tun, nicht so verstockt sein. Das nütze mir nichts mehr. Ich müsse ohnehin mit einer Strafe rechnen. Als dann der Schwiegervater noch aus der Bäckerstube heraufgeholt wurde, fasste ich mir ein Herz und sagte zu ihm, denn er ist ein freundlicher Mann: Darf ich mit der Waisenhausmutter telefonieren? - Ja, mach das. - Ich habe lange mit ihr telefoniert und sie hat mir ein tolles Angebot gemacht.
Was hat sie gesagt?
Ich solle einfach zu ihr kommen, bis sich die Sache geklärt hätte. Für mich wäre immer Platz im Waisenhaus. Und mit der Polizei und der Schwiegermutter würde sie reden. So etwas müsste ich nicht einfach schlucken.
Also doch eine Heimat, Cecil.
Ja, ich wäre nach St. Gallen gefahren, doch am Tag darauf kam dein Brief, dein Hilferuf, und ich entschied mich für dich.

Cecil weint, weint sich den ganzen Kummer von der Seele. Die Buben, sie haben von der Atmosphäre unseres Gesprächs natürlich etwas mitbekommen, geben sich die größte Mühe, Cecil aus ihrer Traurigkeit herauszuholen. Sie pflücken Blumen für sie, sammeln Beeren im Wald, Robert schenkt ihr eine Entenfeder, Georges setzt sich auf ihren Schoß und pfeift ein Liedchen. Erst in der Schweiz hat er das Pfeifen gelernt und ist mächtig stolz darauf. Cecil lässt sich verzaubern von meinen Franzosenkindern. Sie sind ja selber darauf angewiesen, dass dunkle Wolken schnell vorüber ziehen. Zufrieden kehren wir nach Hause zurück und erleben einen schönen Abend.
Nachts im Bett müssen Cecil und ich das Schwiegermutterproblem nochmals durchgehen. Wir sind derselben Meinung: Es kann nicht nur die goldene Kette gewesen sein, was diese Frau im tiefsten beunruhigt. Cecil sagt: Sie will mich loswerden, möglichst schnell. Und das geht für sie am besten, wenn Fredi weg ist. Sie traut sich nicht, über Scheidung zu reden. Dabei wäre es für mich und bestimmt auch für Fredi das Einfachste. Wir wollen nicht mehr zusammen sein. Seit du mir im Bahnhofbuffet Zürich zur Scheidung geraten und dazu sogar gelacht hast, kommt mir das irgendwie normal vor.
Ja, für dich ist es normal. Wie es für mich wäre, kann ich nicht sagen, doch für die Generation unserer Mütter muss Scheidung ein fürchterliches Wort sein. Ich kann mir denken, dass deine Schwiegermutter sich schämt vor den Leuten. Sie hat ja ein Geschäft, muss die Kunden zufrieden stellen. Da hat sie halt etwas erfinden müssen, was ihr das Recht gibt, dich als eine üble Person hinzustellen. Wenn du und ich eines Tages Schwiegermütter sind, werden wir uns auch solche Lügenmärchen auftischen, so verworrenes Zeug daherreden?
Ich hoffe nicht, Cecil. Ich hoffe wirklich nicht.
Beide sind wir der Ansicht, dass uns das nie passieren wird. Noch ahnen wir nicht, wie schwierig, wie zerbrechlich gewisse Familienkonstellationen sein können!

Der Sommer war sehr groß.

Cecil, Deine Wachheit hält auch mich wach.
Spürst du, dass ich nicht schlafen kann?
Natürlich spüre ich das.
Im Waisenhausschlafsaal konnte ich auch besser einschlafen, wenn die anderen schon schliefen. Gedanken halten eben wach.
Woran denkst du denn so vergiftet? Du bist nämlich nicht am Trübsalblasen. Es knistert förmlich vor Spannung rund um dein Bett.
Woran ich denke? ... An den Vogelbeerbaum.
Und der macht dich so .... so kribbelig?
Warum sollte er nicht? - Er färbt sich rot und röter.
Du spielst ein richtiges Cecil-Versteckspiel mit mir. Ich muss wohl selber herausfinden, was du im Schilde führst.
Es hat auf jeden Fall etwas mit Spätsommer zu tun. Reife Beeren, kürzere Tage, kühle Nächte, bald schon der Abschied. Der große Abschied von den Franzosenkindern.
Um die geht es mir ja. Wir könnten ein Fest bauen für sie. Ein Fest in einem großen Saal und dazu die Wildhauser Bevölkerung einladen.
Und wer soll das Fest bestreiten?
Wir natürlich: Du und ich, dein Freund. Vielleicht mein Bruder, falls er Urlaub kriegt und es wäre gut, kämen noch Tänzerinnen.
Du denkst an eine Aufführung?
Ja, wir könnten eine Vorstellung geben, Eintritt verlangen und mit dem Geld die Buben ausstaffieren für den kommenden Winter in Frankreich.
Ich bin augenblicklich hellwach und begeistert von Cecils Plan. Sie hat eine genaue Vorstellung von dem, was wir machen könnten. Jahreszeiten: Lieder singen, Tänze tanzen, Gedichte aufsagen.
Wie aus einem tiefen Brunnen hole ich Schulgedichte aus mir herauf. 'Herr, es ist Zeit, der Sommer war sehr groß.

Leg Deine Schatten auf die Sonnenuhren und auf den Fluren lass die Winde los'.
Dieses Rilke-Gedicht kommt mir als erstes in den Sinn. Der Sommer, unser Sommer, war sehr groß, sehr kalt auch und dann wieder sehr heiß. Heiß die Sonne, heiß die Liebe. Und die Winde hatten wir auch. Und sie werden immer mehr. Wind und bald schon Nebelschleier als Vorboten des Herbstes. Mit Herbstbildern schlafe ich ein.
Am kommenden Morgen erzählen wir den Buben, was wir uns ausgedacht haben. Ich bin gespannt auf ihre Reaktionen. Sie zeigen keinerlei Begeisterung. Robert meint: Wozu Theater spielen, wozu denn Kleider? Ich hätte lieber einen Knäuel Schafwolle und eine Mundharmonika.
Unsere Aufführung wird nicht zustande kommen, denke ich, trinke etwas resigniert den Kaffee und esse mein Frühstücksbrot.
Die Kinder beschäftigen sich mit den Wetterwolken. Wird es regnen, wird es nicht regnen? - Sie wünschen sich ein Picknick im Wald. Obschon wir den Wolken nicht trauen, packt Cecil entschlossen den Rucksack. Der Hammer muss mit, ruft Georges, holt ihn aus der Werkzeugkiste und stopft ihn in den Sack. Was hat der Kleine mit dem Hammer im Sinn?
Wir machen uns auf den Weg, suchen im Wald eine Lichtung und zünden das Feuer an. Während die Suppe kocht und die Würste in der Glut schmoren, marschiert Georges auf eine Tanne zu, bleibt stehen, klopft mit dem Hammer an den Stamm, legt sein Ohr dicht an die Rinde, als würde er die Stimme des Baumes hören. Beeindruckt von seinem ernsten Spiel, frage ich ihn, was er da mache. Ich bin der Geigenbauer Sprenger. -- Erst jetzt verstehe ich: Magdi hat den Buben, als sie bei uns war, viel von ihrem verstorbenen Vater erzählt. Der Geigenbauer Sprenger, ein Mann, der durch den Wald ging, an die Bäume klopfte und das beste, singende Holz wählte für seine Geigen.
Unsere Glanznummer, „das singende Holz" ist geboren! Und der Bann ist gebrochen. Alle Buben wollen jetzt

Theater spielen. Wir hocken ums Feuer, essen und reden und reden. Cecil freut sich. Ihr Plan nimmt Gestalt an. Das Picknick hat sich gelohnt.
Wie die Bienen arbeiten wir in den kommenden Wochen an unserem Programm. Wir nähen Papierkostüme. Hilda und Elisabeth aus dem Rhythmikseminar Scheiblauer sind nun bei uns und üben ihre Solotänze, üben auch Reigen ein mit den Kindern. Cecil und ich rezitieren laut Jahreszeitengedichte. Sobald die Kinder im Bett sind, arbeiten wir weiter, oft bis Mitternacht. Dann haben wir Hunger, setzen uns in die Küche und essen Butterbrote. Es ist eine intensive Zeit. Wir spüren, dass wir Saft und Kraft und dass wir doch Etliches gelernt haben im Rhythmikseminar. Ehrgeizig sind wir auch. Die Aufführung muss gelingen. Und sie soll Geld einbringen.
Da ist noch etwas, was gelingen könnte, wenn wir Glück haben. Die Sache mit Cecils Schwiegervater. Mit ihm, wenigstens mit ihm möchte sich Cecil versöhnen. Soll sie ihm auch eine Einladung schicken? Beim nächtlichen Butterbrotessen stellt sie uns diese Frage, und wir raten ihr zu.
Anfangs September hängen in Wildhaus und in Lisighaus unsere Plakate mit der Aufschrift: „Die Jahreszeiten, eine Aufführung mit Franzosenkindern." - Am Spielabend selber sind die Buben, sind auch wir unheimlich stolz, dass so viele Leute in den Saal strömen. Ils veulent tous nous voir. Alle wollen uns sehen! -
Die erste Nummer ist Georges Nummer. Mit Hingabe spielt er im Kulissenwald, den Kurt für uns gemalt und hingestellt hat, seine Rolle als Geigenbauer. Es ist für ihn jedes Mal ein Ereignis, wenn die Kartonbäume zu singen anfangen. Er weiß zwar, dass Cecils Bruder hinter jedem gemalten Baumstamm Geige spielt, trotzdem kann er in eine Welt eintauchen, die ihn verzaubert.
Wir sind übermütig vor Freude, dass unsere Aufführung Anklang findet. Die Leute reden davon, in der Zeitung steht ein dickes Lob und wir feiern oben in der Schwendi unter der Lärche ein fröhliches Fest. Es ist unser Ab-

schiedsfest. Mit dabei Cecils Schwiegervater. Als erfolgreicher Bäcker kann er sich ein Auto leisten. Mit diesem Auto ist er hieher gefahren, hat einen Karton voller Cremeschnitten mitgebracht, und etliche Flaschen Wein. Die Versöhnung tut ihm, tut Cecil gut. Bei einem Glas Wein sagt er zu seiner Schwiegertochter, die vermisste goldene Kette wäre unter einem Berg von Strümpfen in Mutters Kommode zum Vorschein gekommen. So seien eben die Frauen. Seine, die Thea, verstecke oft kostbare Gegenstände, und wisse dann den Ort nicht mehr. Sie suche den Fehler nie bei sich. Es müsse immer ein Sündenbock her und sie fände immer einen. Cecils Schwiegervater setzt sich spät abends wieder in sein Auto und fährt zurück nach Zürich.

Der kühle Nachtwind bläst die Kerzenflammen aus in den Lampions. Sie schaukeln in den Ästen der Lärche. Ich bringe die Kinder zu Bett. Es wird zu kalt draußen, besonders für Georges. Doch das Festen geht weiter. Eingepackt in Wolldecken sitzen wir, sozusagen die Kerngruppe, nahe beieinander und geben uns warm. Über uns leuchten die Sterne und ich denke: Es sind wirklich Sternstunden, die wir hier oben erleben. Neidlos bewundern wir einander und gehen nochmals das ganze Programm durch. Wir sind besonders stolz auf die Männer. Das mag heute ganz anders sein. Aber damals: Was hätten wir gemacht ohne sie? Dein Geigenspiel, Res, dein wunderschönes Spiel. Dein schönes Gesicht. Unter dichtem dunklem Kraushaar deine lebendigen Augen. Dein grazier Körper, der sich, während du spielst, bewegt wie eine Birke im Wind. Du bist einfach ein prima Typ. Und ohne Kurts Initiative, hätte überhaupt etwas geklappt? Propaganda, Regie, Beleuchtung, Kulissen?

Oft kommt mir Kurt vor wie ein Zauberer. Was er in die Hände nimmt, gelingt. Hinter seinem leicht dahin gesagten „Keis Problem" steckt unheimlich viel Energie und selbstloser Einsatz für andere.

In dieser Nacht kommt zustande, was Jahre später an Bedeutung gewinnen und einen Namen bekommen wird:

„Die Wohngemeinschaft." Meine drei Kameradinnen, schöne Frauen, Fräuleins nannte man sie damals: Cecil, Hilda und Elisabeth fassen den Entschluss, sich zusammenzutun, gemeinsam eine Wohnung zu mieten, wenn sie wieder in Zürich sein werden. Drei Mädchen schließen ein Bündnis unter Sternen! Der Sommer geht zur Neige.
'Herr es ist Zeit, der Sommer war sehr groß.'
Am 14. September stehen Cecil und ich mit den Kindern in Nesslau am Bahnhof. Sind sie noch zu erkennen, die Buben von damals - jetzt in soliden Schweizerhosen und Küherhemden? Sie wollten unbedingt gestickte Sennenblusen aus dem Heimatwerk haben.
Lebt wohl, ihr meine geliehenen Buben! Jeder von euch wird in seinem Rucksack eine kleine Überraschung finden, wenn er zu Hause ankommt. Für dich, Robert, habe ich einen Knäuel Schafwolle, dicke Holznadeln und eine Mundharmonika gekauft. Mit unserem, mit euerem Theatergeld.

Brief an Cecil

Liebe Cecil,

endlich, wirst du denken. Ja, endlich nehme ich mir Zeit, dir zu schreiben und auf deine Fragen Antwort zu geben. Du willst wissen, warum ich nach der Franzosenbubenzeit Soldatenmutter geworden bin. Vielleicht aus Abenteuerlust, aus Neugierde, um Männer kennen zu lernen? Sicher nicht aus Vaterlandsliebe. Ich weiß selber nicht genau, warum ich in die FHD (Frauenhilfsdienst) eingestiegen bin. Den Namen „Soldatenmutter" finde ich total daneben. Soldaten bemuttern? Ich würde mich eher in einen Soldaten verlieben, als ihn bemuttern. Nur eine kurze Zeit waren du und ich so etwas wie Mütter. Ersatzmütter für unsere Franzosenbuben. Denkst du auch oft an sie? Sie fehlen mir und du fehlst mir auch. Doch nochmals zu dei-

ner ersten Frage, warum wirst du ausgerechnet Soldatenmutter?
Meine Antwort: Mit der Rhythmikausbildung habe ich Null Chance. Du weißt ja selber, seit dem du mit Hilda und Elisabeth zusammen wohnst, wie es um Rhythmiklehrerinnen bestellt ist. Schulbehörden stellen nur eidgenössisch diplomierte Turnlehrerinnen an, die eine Matura im Sack haben. Ich hab das nicht. Ich hätte auch als Dienstmädchen in eine Familie gehen und Fr. 50.-- im Monat verdienen können. Doch das wollte ich nicht. Ich war Dienstmädchen in England und oft zu Hause bei meiner Mutter. Das reicht. In Soldatenstuben kann ich schalten und walten nach eigenem Gutdünken. Obschon ich nur Fr. 5.-- Sold erhalte in der Woche, fühle ich mich frei und selbständig. Nur die FHD-Rekrutenschule (10 Tage in einem alten Nobelhotel hoch über dem Vierwaldstättersee) war eine reine Unterdrückungsangelegenheit. Wir mussten alles auf Kommando tun. Den Kommandoton kann ich nicht ausstehen. Männer nehmen ihn scheinbar hin, nehmen ihn ernst. Ich verstehe, warum sich dein Bruder diesem Zirkus entziehen will. Er kapiert ganz einfach, dass blinder Gehorsam Menschen schließlich dazu bringt, Menschen zu töten. Ich hasse den Krieg. Er hat meinen Franzosenkindern nichts anderes als Schaden zugefügt.
Soll ich deine zweite Frage: Was machst du den ganzen Tag? Kurz oder lang beantworten? Soll ich dir meine erste Stelle, die Lehrstelle schildern? Also: Ich habe mir meine Sporen in der Soldatenstube Brugg abverdient. Meine Lehrmeisterin hat mir gezeigt, wie sie Birchermus und Fruchtwähen macht mit Ersatzstoffen. Mehl, Butter, Zukker, Eier sind ja noch immer rationiert. Frau Burger ist eine korrekte, streng freundliche Frau. Ich durfte sie nicht duzen, sie nicht beim Vornamen nennen. Wir schufteten in einer fensterlosen engen Küche. Wir redeten kaum miteinander. Es war so heiß, dass es uns die Sprache verschlug. 70 Wähen am Tag! Früh am Morgen holte ich einen Riesenklumpen Teig beim Bäcker und Frau Burger kaufte die Früchte ein. Mit Rhabarber fing alles an, mit

den üblichen Saisonfrüchten ging es weiter und im Herbst landeten wir beim Apfel. Ihm blieben wir, auch wenn er noch so schrumpelig wurde, den ganzen Winter über treu. Die Wähen sahen dann müde aus.
Abends suchte ich meine Kammer auf in einem fremden Haus bei fremden Leuten, die nie nach mir fragten. Ich sank jeweils todmüde ins Bett. Kirschen, Beeren, Aprikosen, Zwetschgen verfolgten mich noch im Traum. Es wird lange dauern, bis ich wieder einmal Fruchtwähen essen kann. Brugg war, wie gesagt, eine arbeitsintensive Zeit. Ich kam nicht dazu, mit gleichaltrigen Soldaten zu reden, hatte keine Ahnung, was sie eigentlich den ganzen Tag über taten. Wenn sie singend und erschöpft zurückkamen von langen Märschen, brachen sie wie ein Heuschreckenschwarm in unsere Stube ein, überschwemmten uns mit ihrem Hunger, ihrem Durst. Frau Burger stand am Buffet, verkaufte die Wähenstücke, schenkte Kaffee aus, während ich in der Küche die Kuchen zerschnitt und immer wieder Wasser aufsetzte für neuen Kaffee. Frau Burger wollte auf jeden Fall vorne sein. Ich war jedes Mal erleichtert, wenn sich der Rekrutenschwarm verzog, obschon ich jedem Einzelnen eine längere Pause gegönnt hätte. Bevor ich die Gläser spülte, tranken Frau Burger und ich einen Kaffee. Ich rauchte eine Zigarette dazu.
Ein Tag glich dem andern, nur das Wetter war eben wetterwendisch und die Früchte wechselten.
Doch einmal, ja einmal geschah etwas Außergewöhnliches. Es tauchte ein Korporal auf, von dem es hieß, er könne die Leute hypnotisieren. Frau Burger war interessiert an ihm, während ich mich zurückzog. Nein, dachte ich, mit mir nicht! Wir Soldatenmütter hinter der Theke waren tatsächlich die Einzigen, die am Kompanieabend ungeschoren davon kamen. Der Hypnotiseur ließ die Soldaten einen Angriff auf eine deutsche Stadt erleben. Laut schreiend, stöhnend, sich duckend, und auf dem Boden wälzend ließen die jungen Männer Krieg über sich ergehen. Ich werde die Totenstille nach diesem imaginären Angriff nie vergessen. Auch unsere Kuchen konnten da

nichts mehr ausrichten. Eine ganze Woche lang liefen die Rekruten verstört umher. Niemand sprach über den Abend. Ein seltsames Männergemeinschaftserlebnis!
Mir war es recht, dass ich bald versetzt wurde nach Baar, um dort eine neu eröffnete Soldatenstube selbständig zu führen. Ob ich das konnte? - Ich konnte es. Und es machte mir Freude. Mit Stolz sagte ich 'Mini Stube'.
Ich hatte ein zärtliches Verhältnis zu der schönen Holzbaracke auf dem Schulhausplatz unter den Kastanienbäumen. Ich schmückte meine Stube. Die Frau des Schulabwarts brachte mir Blumen aus ihrem Garten und Melanie, ihre Tochter, kam abends oft zu mir in die Baracke, trocknete die Gläser und half beim Aufräumen. Wenn kein Soldat mehr da war, sprachen wir über Männer, die uns gefielen und über solche, die uns nicht und warum sie uns nicht gefielen. In meiner Freizeit hockten wir bei schönem Wetter in ein niedriges Bächlein und genossen unsere Frauenzweisamkeit, an einem versteckten Ort natürlich.
So, nun bin ich ganz leer geschrieben. Sei ganz herzlich umarmt

Ursula

Ich freue mich, dass du eine Wohnung gefunden und - wie du schreibst, mit meinen Rhythmikkolleginnen das große Los gezogen hast. Wo wird wohl mein nächstes Betätigungsfeld sein?

Alp Horweli

Alp Horweli, wildes Hochland über dem Dorf Alpnach-Dorf! Ich lernte dich kennen als eine Alp der Pilze und Beeren. Alp des blauen Enzians. Alp der klaren kalten Bäche und der dunklen Sternennächte. Alp der Partisanen. Sie bewohnen die Baracken, die das Schweizer Militär für sie hingestellt hat auf Stacheldraht freiem steilem Gelän-

de. Und ich bin ihre Soldatenmutter in der Küchenbaracke.
Warum schickt der schweizerische Volksdienst, der die Soldatenmütter über das ganze Land verteilt, ausgerechnet mich hier herauf? Eine Zwanzigjährige unter 200 Männern! Fällt die Wahl auf mich, weil ich die Tochter eines Pfarrers, in ihren Augen eine gewisse Garantie bin? Garantie für gutes Benehmen?
„Die Internierten" sagt mir der Kommandant der Schweizertruppe, „bleiben für uns die Internierten. Haben sie verstanden? Sie als Soldatenmutter gehören zur Schweizermannschaft."
Muss ich das: Zur Schweizermannschaft gehören?
Die italienischen Partisanen sind vitale, schöne Männer. Männer des Widerstandes. Es hat etliche Studenten unter ihnen. Sie reden nicht viel, erzählen nicht, was sie erlebt haben. Eigentlich verweigern sie den Kontakt zu den Schweizer Soldaten. Bevormundet sein passt ihnen nicht. Sie verweigern oft auch typisch schweizerisches Essen, kippen es einfach zum Fenster hinaus und sehen zu, wie die Raben sich auf den Fraß stürzen. Große Empörung bei den Schweizern. Sie beklagen sich bei mir: „Die cheibe Tschingge! Die fremde Fötzel! Verwöhnt verschleckt sind's."
Verwöhnt, wer in den italienischen Bergen gegen den Faschismus gekämpft hat? Verwöhnt, wer im fremden Land bei jedem Wetter mit Pickel und Schaufel eine Militärstraße bauen hilft? Eine Straße, von der niemand weiß, wohin sie führt. Militärgeheimnisse! - Verwöhnt, wer sein Heimweh mit sich trägt?
Der Truppenkommandant wirft mir vor, auch ich würde die Internierten in der Soldatenstube verwöhnen mit lauter Extravaganzen. „Die sollen essen, was wir essen!"
Italiener mögen weder Birchermus, noch Cremen, noch Fruchtwähen. Also erfülle ich ihre Wünsche, koche Pilzgerichte, brate Kartoffeln, über die ich Salz und Kümmel streue, brate auch Fische. Die Italiener holen sie aus den Bächen. - Mit dicken Büscheln Alpenrosen schmücken sie

die Barackenstube. Gianni bringt mir regelmäßig Heidelbeeren. Die Alp ist ein Beeren, - kein Touristengebiet. Es kommen keine Wanderer hier herauf. Ab und zu sehe ich abends die alte Sennerin Anna mit ihren Ziegen am Barackendorf vorbeilaufen. Ich glaube, sie zeigt sich gerne. Vielleicht ist es ihr einziges Vergnügen. „Tschau, Anna, tschau bella," rufen die Italiener. Sie stehen am Straßenrand und sehen ihr zu. Sie und ich sind die einzigen Frauen auf der Alp.

Alfredo, mein Gehilfe, hält das frauenlose Dasein kaum mehr aus. Immer wieder schwärmt er in seinem italienisch gefärbten Französisch von der schönen Serviertochter, unten im Dorf. Er möchte unbedingt zu ihr. Und auf französisch bitte ich ihn, mach das nicht: Alfredo, wenn du abhaust, sperren sie dich ein. Was hast du davon? Was habe ich davon? Du bist nicht zu ersetzen. Noch nie hatte ich eine so gute Ordonnanz wie dich. Und deine junge Frau zu Hause? So etwas kannst du ihr nicht antun.

Alle meine Worte sind in den Wind geredet. Alfredo lacht nur. Eines abends geht er hinunter ins Dorf. Wie er zurückkommt, sperren sie ihn ein. Da sitzt er nun in einem dunklen Verließ. Drei Wochen lang sehe ich sein Gesicht hinter Gitterstäben. Es wird immer trauriger, dieses Gesicht. Der Lagerkommandant gibt ihn nicht frei, schenkt ihm keinen einzigen Tag. Meine Bitten, ihn früher zu entlassen, sind ebenfalls in den Wind geredet.

Woher nimmt der Mensch sich überhaupt das Recht, einem anderen Menschen Lebenszeit zu stehlen?

Weiß der Lagerkommandant auch nur von Ferne, wer dieser fröhliche, schmächtige, immer dienstbereite Alfredo ist? Er kennt ihn doch gar nicht. Er betritt die Soldatenstube nur dann, wenn er einen Befehl loswerden will. Noch nie hat er mit den Italienern einen Abend verbracht, nie zugehört, wenn sie ihre schwermütigen Lieder singen und dazu tanzen.

Die Schweizer hier oben sind Aufseher, recht unangenehme Aufpasser und was sie sehen, wird hochgespielt zu einem Skandal.

Ein einziges Mal gehe ich spazieren mit Gianni. Wir setzen uns in den Schatten einer Tanne. Gianni streichelt meinen Arm. Ich spüre, dass eine Spannung in der Luft liegt. Lass das, Gianni. Siehst du denn nicht: Die Büsche ringsum leben. In jedem Busch liegt ein Schweizersoldat. Wir sind umgeben von Spionen. Lass uns nach Hause gehen.
Doch ich habe kein wirkliches Zuhause hier, kann nirgends unbeobachtet, nirgends mich selber sein.
Eines Tages bringt mir die Ordonnanz des Lagerkommandanten einen Feldpostbrief. Er ist von Kurt. Ich drücke ihn fest an mich, als müsste er mir Schutz und Wärme geben. Doch sein Inhalt macht mich stutzig. Irgendetwas stimmt nicht. In kurzen Sätzen teilt mir Kurt mit, ich solle Urlaub verlangen übers Wochenende. Er hätte mit mir zu reden. Am Bahnhofkiosk in Luzern würden wir uns treffen. Er gibt noch die genaue Zeit an. Als Unterschrift nur sein Buchstabe K - Ein kalter Wind weht mir entgegen. Ich ahne nichts Gutes.
Mit schlottrigen Knien stehe ich am Samstagabend um 17 Uhr am Kiosk. Frisch, fröhlich, mit lachendem Gesicht kommt mein Freund auf mich zu, nimmt mich bei der Hand und ich denke: Warum habe ich eigentlich Angst? Es ist ja alles gut.
Wir spazieren dem See entlang, plaudern über unser gegenwärtiges Leben, wie es so läuft, was wir so machen. Wir reden auch über die Franzosenbubenzeit in Wildhaus. Plötzlich sagt Kurt: Ich muss dir etwas Lustiges erzählen: Vor drei Wochen bin ich in einem Bummelzug Richtung Zürich gefahren. Ich wollte wieder einmal meine Eltern besuchen. Zwischen zwei Ortschaften blieb der Zug einfach stehen. Warum, weiß ich nicht. Es muss eine Störung gewesen sein, doch mir kam sie gelegen. Ich schaute zum Fenster hinaus. Und wen sah ich da im Abendsonnenschein, mitten in einem Pflanzgarten?
Keine Ahnung. Wohl jemanden, den du kennst.

Nein, ich kannte sie nicht. - Kurt lässt meine Hand los. - Es ist - du darfst dreimal raten - es wird - meine zukünftige Frau sein.
Deine ... ?
Ja, meine Frau. Als ich sie sah, musste ich augenblicklich handeln. Eine innere Stimme sagte mir: Beeil dich, steig aus, sonst fährt der Zug weiter. Geh zu ihr, mach ihr einen Heiratsantrag.
Es war nicht schwer, sie zu finden. Sie stand noch immer im Gemüsegarten. „Ich wusste, dass du kommst. Ich habe hier auf dich gewartet", sagte sie.
Ursel, es war abenteuerlich und herzerfrischend. Ich bin überglücklich. So wird es dir auch einmal gehen. Auch du wirst einen Partner finden, an dem du nicht mehr zweifeln musst. - Nun leb wohl. Ich wünsche dir...
Du brauchst mir nichts zu wünschen, gar nichts. Du musst mir nur sagen, wo ich übernachten soll. Die Alp ist zu weit weg, da komm ich nicht mehr hin. Es wäre einfacher gewesen, du hättest mir in einem Brief deine Geschichte geschrieben. Willst du dich an meinem Schmerz weiden? Es sieht beinahe so aus.
Das Schicksal hat gesprochen.
Ja, man kann es so nennen. Es ist dein gutes Recht, eine andere Wahl zu treffen, nur die Art und Weise....
Der Weg zur Alp ist steil und sehr weit.
Kurt schaut auf seine Uhr. Verzeih, ich muss zum Bahnhof. Meine Braut erwartet mich. In einer halben Stunde fährt mein Zug.
Der Begleiter, Freund einer langen Zeit ist weg, einfach weg. Ich torkle dem See entlang in die Dunkelheit. Das Wasser, so etwas habe ich noch nie erlebt, hat plötzlich eine merkwürdige Anziehungskraft. In einer elenden kleinen Spelunke führt mich die Wirtin in die Dachkammer. Die alte Bettstatt wird zum Schiff. Eine Nacht auf dem Meer. Mein Schiff droht unter zu gehen. Im allerletzten Moment kann ich mich immer wieder retten aus wild wogenden Wellen. Über Jahre hinaus werden mich Wasserträume verfolgen.

Auf dem Heimweg, das heißt, auf der schmalen Schotterstraße, die von Alpnach-Dorf ins Horweli führt, muss ich eine Mutprobe bestehen. Diesmal sind es keine Meereswellen, diesmal sind es Kühe. Eine riesige Herde, wie ich sehe. Ich kann nicht ausweichen. Ich muss mitten durch sie hindurch. Zu allerhinterst der Senn. Ich nahm ihn zuerst gar nicht wahr. Er lacht mich an: „Tag Frölein."
In der Soldatenstube bin ich allein, es ist Sonntag. Für die Italiener ein Tag zum Ausruhen. Ich setze mich an meinen Fensterplatz und brüte vor mich hin. Was gestern geschehen ist, war doch nur ein böser Spuk, das kann doch unmöglich wahr sein. Ich weiß, es gibt zerstrittene Liebespaare, die voneinander sagen: Er ist jetzt, oder sie ist jetzt tot für mich. Kurt ist nicht tot Er lebt weiter in mir. Und wir hatten keinen Streit.
Alfredo, endlich entlassen aus seinem Gefängnis, kommt leise zur Türe herein. Er sieht mein verheultes Gesicht, macht sich und mir Kaffee, setzt sich zu mir. Wir reden und schweigen miteinander.

Briefe

Diessenhofen, Sommer 1944

Tschau, Sorella,

hier schicke ich dir selbstverdiente Soldatenbatzen, damit du dir etwas kaufen kannst, was dich freut. Eigentlich bin ich nichts anderes als ein billiges Dienstmädchen fürs Vaterland! Trotzdem ist mir mein Sold lieber als Taschengeld, um das ich Mutter immer wieder bitten muss. Mein Beruf als Rhythmiklehrerin wird mir nie zu wirklicher Selbständigkeit verhelfen. Er ist nicht staatlich anerkannt. Ich müsste mich mit Privatschülern aus reichen Familien begnügen. Davon kann kein Mensch leben. Ich sehe schwarz für meine Zukunft. Ich weiß wirklich nicht, was ich machen soll. Weiter bei den Eltern wohnen, wenn die Soldatenstuben geschlossen werden? Und sie werden geschlossen. Der Friede rückt ins Land, sagen die Soldaten und die Zeitungen schreiben es. Manchmal sind sie wie Buben, meine Soldaten, besonders, wenn sie sich Streiche erzählen und sich über das Gelingen der Streiche freuen. Nun ist der liebste, beste Bub der Schweizerarmee ausgetreten aus meinem Leben und hat sich eine andere Frau gesucht. Es hat keinen Sinn, dass ich dir meine Gefühle beschreibe. Es ist nun mal so und ich muss damit fertig werden. Wohl deshalb wird mir das Alleinsein unter Männern zur Last. Ich habe es langsam satt. Auch will ich wieder mit dem Kopf arbeiten, sonst werde ich dumm. Da ich mich meistens in heißen Stuben und Küchen aufhalte, beneide ich dich ein wenig um deine Gartenarbeit unter freiem Himmel. Ich muss unbedingt auch wieder an die frische Luft unter den freien Himmel. Bei den Eltern will ich nicht wohnen. Ich muss mir ein eigenes Leben aufbauen. Soll ich nach Beggingen, zu Schudels in den Landdienst? - Jetzt kommen hungrige Soldaten. Ich muss Schluss machen.

Gruß Ursel.

Diessenhofen, Herbst 1944

Liebe Mutter,

schon wieder bin ich in eine andere Soldatenstube versetzt worden Ich bin jetzt in Diessenhofen. Danke für deinen Brief vom längsten Tag. Bei mir ist jeder Tag der längste Tag! Abends wollen die Unteroffiziere nicht fort aus der Soldatenstube. Sehen sie denn nicht, dass mir stehend die Augen beinahe zufallen? Von ihren langen Märschen sagen sie, dass ihnen die Augen auch zufallen, die Füße aber weiterlaufen. Im Krieg muss es schlimm sein, sich nicht ausruhen zu können. Die Schaffhauser, alle so mittleren Alters, sind eher trockene Männer. Stubenhocker. Jeder hockt für sich allein mit seiner Zeitung, seinem Stumpen. Die Abende auf dem Horweli waren natürlich ganz anders. Südländer sind irgendwie viel näher beieinander, haben keine Berührungsängste wie die Deutschschweizer. Italiener zeigen ihre Gefühle und sie singen. Endlos besingen sie die Liebe zur Frau, die Liebe zu Land und Meer, zum blauen Himmel, zur glühenden Sonne Italiens. Auch bei den Bündnern in Lavin war es viel lustiger. Das Singen und die Kameradschaft jener Kompanie werde ich nicht vergessen. Sie hatten einen tollen Hauptmann. Wenn er guter Laune war, kochte er manchmal für alle einen Safranreis und dazu gab es dunkeln schweren Wein. Ich will mich aber nicht über die hiesigen Soldaten beklagen, damit kürze ich die Zeit hier nicht ab. Ich wollte, ich könnte Dir von meinem Käsekuchen schicken, den ich heute morgen gebacken habe. Die Soldaten haben sich darauf gestürzt. Jeden Tag mache ich Birchermus aus Orangen, momentan die einzig erhältliche Frucht in Diessenhofen. Aber teuer! - Die Soldaten haben einen furchtbar strengen Dienst und sind unter der Knute eines bösen Majors. Sie laden viel Ärger ab bei mir in der Soldatenstube. Umso süßer und feiner müssen meine Kuchen sein. Ich muss Schluss machen. Mein Zimmer ist ziemlich weit weg von der Soldatenstube und hier gibt es noch viel aufzuräumen. Ich weiß, dass auch du tausenderlei Pflichten hast. Bitte lass dich nicht ganz auffressen von eurem Pfarramt - gute Nacht liebe Mutter.

Ursel

8. und 9. Mai 1945

In wie vielen Soldatenstuben habe ich gearbeitet? Es müssen an die 10 gewesen sein in verschiedenen Gebieten der Schweiz.
Im Mai 45 geht der Krieg zu Ende. Ich schließe meine letzte Soldatenstube, die Basler Stube. Zum Glück kann ich sie schließen, diese tödlich langweilige Stube. Sie hat überhaupt keine Atmosphäre, ist ja eigentlich ein Gemeindesaal, gebaut im Auftrag der Kirche. Der große

Ökolampadsaal hat auch nicht viel Charme. Er wurde aber zu einem Begriff für die Basler, denn hier predigt der Berner Pfarrer Walter Lüthi. Wenn am Sonntagmorgen die Kirchenglocken läuten, kommen die Leute in Scharen und füllen den Gottesdienstraum. Die Kirchgänger sagen, Walter Lüthi sei, wie Karl Barth, der richtige Mann zur richtigen Zeit und seine Aussagen zur Zeit hätten eine prophetische Kraft. An Werktagen erscheint Pfarrer Lüthi manchmal in der Soldatenstube, am Morgen, in Pantoffeln, wenn niemand hier ist außer mir. Er trinkt dann einen Kaffee, liest die Zeitung, bezahlt und geht wieder. Ich existiere kaum für ihn. Es macht mir nichts aus. Ich bin ehrlich froh, dass ich diesen älteren Männern nicht mehr länger dienen muss.

Am 8. Mai 45 stehe ich mit meinen Eltern auf dem Marktplatz in Basel. Die Glocken läuten hier und in der ganzen übrigen Schweiz den Frieden ein. Etwa 15000 Personen nehmen teil am Friedensfest. Die Polizeimusik spielt den Wettsteinmarsch. Anschließend halten Regierungsrat Brechbühl, Oberstdivisionär Iselin und Professor Carl Henschen ihre, - immer wieder von Beifall unterbrochenen Reden. Klatschende Leute sitzen auch hoch oben auf den Dächern fahnengeschmückter Häuser rund um den Marktplatz. Mir ist feierlich zumute. Viele Leute umarmen sich, weinen, küssen sich. Wen soll ich denn küssen? - Meine Schwester Vroni unterhält sich eifrigst mit Max Geiger. Er ist ein Pfadfinderfreund meines Bruders Markus, kommt aus Rorschach, wohnt im Studentenheim Alumneum und studiert nun Theologie bei Karl Barth. Meine Eltern kennen ihn von früher, als sie noch in Bruggen, St. Gallen wohnten. Er tauchte von Zeit zu Zeit im Pfarrhaus Bruggen auf, saß mit uns am Tisch, aß mit uns und verbreitete jedes Mal eine heitere Atmosphäre, in der ich mich wohl fühlte. Ich wusste natürlich, dass er für Vroni schwärmt. Sie gingen in dasselbe Gymnasium, nur nicht in dieselbe Klasse.

Wirst du ihn heiraten? Fragte ich eines Tages meine Schwester. Sie schüttelte den Kopf. Nein, was denkst du.

Er hat doch viel zu abstehende Ohren. Und überhaupt ist er nicht mein Typ.
Ich sah immer wieder diese Ohren an. Sie waren wohl abstehend, groß, aber auf eine Art eindrucksvoll. Jedenfalls stören sie in keiner Weise das Gesicht dieses Menschen. Ich finde sie im Gegenteil ein Markenzeichen von Max Geiger. Sind abstehende Ohren Grund genug, einen Mann nicht zu heiraten? fragte ich mich. Ein Mann mit vielen Qualitäten, mit so viel natürlichem Charme! Mein Gott, sieht sie das nicht, meine Schwester? Oder ist er wirklich nicht ihr Typ?
Endlich ein normaler Theologiestudent, sage ich zu meiner Mutter. Sie lacht. Sie hat ihn auch gern. Warum legte sie einen anderen, einen strengen Maßstab an bei Kurt? Max Geiger kann sich einfach alles erlauben. Er setzt sich hemmungslos an Mutters Fensterplatz, deponiert seine Bücher und Schreibhefte auf ihrem Nähtisch und arbeitet dort. Wann immer er Lust hat zum Klavierspielen, setzt er sich ans Klavier, spielt und singt laut und schön. Er ist auch bei meiner Mutter in der Küche, schaut in ihre Kochtöpfe, kostet, wovon es ihn gelüstet und lässt sich zum Essen einladen.
Wenn Max und Vroni auf dem grünen Kanapee im Wohnzimmer nebeneinander sitzen, über Gott und die Welt diskutieren, frage ich mich: Sind sie nun oder werden sie irgend einmal doch noch ein Paar? Vroni ist eine schöne, kluge, eine sehr spezielle Frau. Sie kann sich ruhig Zeit lassen mit Heiraten. Vorläufig genießt sie ihre Beliebtheit unter vielen Verehrern.
Mir aber brennt die Zeit unter den Nägeln. Ohne Ziel bin ich unglücklich.
Nun also stehe ich hier auf dem Marktplatz mit zwei ungleichen Paaren: Vater, Mutter, Max und Vroni. Ich friere. Es weht ein kühler Wind vom Rhein her. Die Worte zum Frieden sind gesprochen. Die Leute verzetteln sich, gehen nach Hause oder gehen in eine Beiz. An diesem 8. Mai 1945 wird wohl im ganzen Schweizerland manche Flasche Wein geleert, manches Bier getrunken. Im Pfarr-

haus Kutter schenkt Lucy uns, die wir auf dem Marktplatz gestanden hatten, süßen Schnaps ein in winzige Gläser und stellt selbstgemachtes Gebäck auf den Tisch.
Kriegserlebnisse werden ausgetauscht. Doch was haben wir schon zu bieten! Es ist mir immer etwas peinlich, wenn Schweizer über den Krieg reden. „Verzell vom Dienscht" - sagt Mutter zu mir. Erwartet sie Soldatengeschichten? Soll ich meinen Nachtspaziergang mit einem Offizier, meinen Ausflug auf die Rigi mit ihm preisgeben? Würde sie mir glauben, dass es ungefährlich, einfach nur schön, wirklich schön und romantisch war? Ich begebe mich auf sicheren Boden und erzähle vom Kuchenbakken. Schließlich war Backen meine Hauptbeschäftigung!
Max Geiger erzählt von seinem Militärpferd, das er geliebt und er berichtet von einem Dienstkameraden, mit dem er im Stroh geschlafen und dessen Freundschaft ihm viel bedeutet hat. Mit dem Pferd ließ er sich fotografieren. Er hat das Photo bei sich und zeigt es herum. Ein schönes Photo!
Lucy erwähnt den Bombenangriff auf Basel. Wie tapfer Hermann sich verhalten hätte an jenem Sonntagmorgen. Er sei nicht davongerannt wie seine Zuhörerschaft. Er hätte seine Predigt zu Ende gepredigt, trotz Sirenengeheul über dem Gundeldingerquartier.
Darauf stimmt Hermann ein Loblied an über Lucy. Notzeiten wären für sie direkt eine Chance, eine Herausforderung. Sie hat tatsächlich alle ihre Kräfte und ihre Phantasie mobilisiert, um denen das Leben erträglich zu machen, die unter dem Krieg zu leiden hatten. Das waren nicht nur emigrierte jüdische Freunde, die bei uns ein und aus gingen, mit uns aßen, mit uns Werktage und Festtage teilten, es waren auch Bäuerinnen aus den umliegenden Baselbieter Dörfern, deren Männer an der Grenze standen. Die Frauen mussten sämtliche Arbeiten allein verrichten, mussten überall sein: Im Stall, auf dem Feld, im Haus. Lucy konnte sich davon ein Bild machen als ehemalige Pfarrersfrau eines Dorfes. Sie organisierte mit Baslerinnen eine Landfrauenhilfe. Die Städterinnen flickten Berge von

Socken und Wäsche, nähten und strickten auch Neues für die Landfrauen. Diese wiederum versorgten mehrere Basler Familien mit Naturalien. Für uns, schwärmt mein Vater, der große Brotesser, hat Frau Recher aus Augst das köstlichste Bauernbrot gebacken, das ich je gegessen habe.
Meine Mutter nickt. Stimmt, in Zeiten der Not wird Brot zu einem Leckerbissen, tausendmal besser als die feinste Torte.
Einen Tag später am 9. Mai 45 reise ich nach Zürich zu meiner Großmutter. Drei Jahre habe ich bei ihr gewohnt. Bevor ich in Beggingen meinen Landdienst antreten werde, möchte ich sie sehen. Sie erwartet mich zum Mittagessen. Es ist alles noch so, wie es immer war. Großmama sitzt am Nähtisch und strickt. Ich setzte mich zu ihr auf die Fensterbank. Kurz vor 12 Uhr klopft Lotte an die Wohnzimmertüre, öffnet sie, sagt: Frau Scheller, die Suppe ist auf dem Tisch. Und Großmama geht hinüber zum Esszimmer, in ihrer gewohnten aufrechten Haltung. Ich setze mich neben sie und schaue mir, wie in früheren Zeiten, das große Wandbild an, immer dieses Bild vom verlorenen Sohn. „Chind verzell."
Großmama lässt sich gerne etwas erzählen. Doch was interessiert sie wirklich? Was möchte sie von mir hören? Lydia, die Großmutter väterlicherseits hätte wahrscheinlich gefragt: „Bisch verliebt, häsch en Schatz?" - Und ich hätte alles herausgesprudelt. Ach, Großmama, sei doch auch ein bisschen neugierig. Es würde meine Zunge lösen. Aber so: „Verzell öppis, Chind." - Dieses wunschlose Wünschen.
Voller Stolz zeige ich ihr die Photos meiner Franzosenbuben. Großmama, hier sind sie und du hast ja den Aufenthalt der Kinder mitfinanziert. Du weißt doch, wir waren in Wildhaus im Ferienhaus meiner Eltern. Dort hatte ich die Kinder tag-täglich um mich vom Frühjahr bis in den Herbst hinein.
Großmama schaut mich groß an. Ach so. Ja, stimmt. - Wo sind die Kinder jetzt?

Sie sind schon lange wieder in Frankreich. Unterdessen war ich Soldatenmutter.
Ist der Krieg denn zu Ende?
Ja, gestern läuteten die Glocken den Frieden ein.
Ach so. - Doch du hast recht. In Zürich haben die Glocken auch geläutet.
Hier ist noch ein Photo von mir als Soldatenmutter.
Großmama sagt kein Wort dazu. Noch nie hat sie mir auch nur das kleinste Kompliment gemacht. Einmal, ja einmal sagte sie, ich hätte schöne Zähne. Komplimente kriegte meine Schwester Vroni für ihre Schönheit und meine Cousine Vreni kriegte welche für ihre Freundlichkeit und ihre Tüchtigkeit. Sie hat Großmutters Garten besorgt und war in deren Augen die beste Gärtnerin aller Zeiten.
Ich sammle meine Photos ein und will mich verabschieden.
Ich begleite dich noch zum Gartentor, sagt Großmama.
Sie geht an meinem Arm die Treppen hinunter in den Garten. Auf dem Kiesweg bleibt sie immer wieder stehen, die weißhaarige Frau und schaut in die weißen Baumkronen. Wie jedes Jahr sagt sie: Dass ich das noch erleben darf: „Maiebluescht" - Ich küsse sie zum Abschied. Sie ist die zarteste Blume in ihrem Garten.
„Bhüeti Gott Chind."
Leb wohl Großmama - und du, Stadt meiner Großväter, bist du noch meine Stadt? Ja, solange Großmama hier lebt, solange es Cecil und meine Kameradinnen gibt in der Wohngemeinschaft, bist du noch immer meine Stadt und ich muss dich von Zeit zu Zeit sehen. Ein Stück meines Herzens ist hier hängen geblieben. Jetzt aber fahre ich aufs Land, in das Dorf meiner Kindheit.

Landzeit

Nun also fahre ich hinaus in die Landschaft, die mir gehört. Meine Landschaft, meine Kindheit! Die Felder, die Äcker, werden weiter, großzügiger, berühren den Himmel. Sie haben, so wenigstens empfinde ich, verborgene Kräfte in sich, die an vielen Orten langsam, aber stetig am schwinden sind.
Wird Beggingen bleiben, was es ist, ein unverdorbenes Dorf? Das frage ich mich während der Postautofahrt von Schleitheim nach Beggingen. Früher zogen zwei Pferde die gelbe Postkutsche von einem Ort zum anderen und nach ihrer letzten Fahrt wurde die Kutsche auf dem Dorfplatz Beggingen bekränzt und fotografiert. Ich war auch unter den Kindern, die Abschied nahmen von der schönen gelben „Rössliposcht."
Das Auto, man kann es als den ersten Fremdkörper oder den ersten Fortschritt im Dorf bezeichnen, machte als Kind großen Eindruck auf mich. Zu jedem Weihnachtsfest wünschte ich mir ein Tretautöli, doch nie bekam ich eines. Das Trottinett war und blieb mein einziges Fahrzeug.
In Beggingen steige ich aus. Es ist Abend. Die Bauern treiben die Kühe zum Brunnen. So war es schon in meiner Kindheit. Langsam, etwas zaghaft laufe ich durchs Dorf, hinauf zum Bückli. Kennen mich die Leute noch? Etliche grüßen, bleiben sogar stehen. Ah, du bisch's, Pfarrursle?
Jo.
Und du gosch zu's Schudels ufs Bückli?
Jo.
Go hälfe?
Jo.
Das Wort Landdienstmädchen ist noch nicht geboren. Ich wäre gerne Landdienstmädchen im heutigen Sinn des Wortes gewesen. Nämlich anerkannte Landarbeiterin. So aber bin ich eine arbeitslose Rhythmiklehrerin, die einer Bäuerin hilft. Gut, hat mir die jüngste Schudeltochter Trudle, in ihrem letzten Brief geschrieben: Ich muss immer an meine Mutter denken, wie sehr sie schuften muss,

bis sie einmal zusammenbricht. Und dann? Wenn du mich ein wenig lieb hast, gehst du nach Beggingen.
Diese Sätze und der Wunsch nach Luft und Himmel und Erde haben mich bewogen, hieher zu kommen. Frau Schudel nimmt mich freundlich auf in ihrem Haus. Sie zeigt mir die Schlafkammer. Ich kenne sie noch aus früheren Zeiten, als ich ein Kindergast war in der Familie. Es ist die Kammer mit Blick auf den Garten, in dem jetzt der Zwetschgenbaum blüht.
Ich hoffe, du bleibst, bis die Zwetschgen reif werden, sagt Elise Schudel. Sie geht die Schweine füttern und ich packe meine Sachen aus.
Ja, ich bleibe, bis die Zwetschgen reif sind und die Schwalben wegziehen.
Meine Beggingerzeit ist aufgeschrieben im Tagebuch mit dem schwarzen Wachstuchdeckel. Die etwas vergilbten Buchstaben riechen schon sehr alt. Doch der Inhalt ist gelebtes Leben und lautet folgendermaßen:
Kaum hört der Winter auf, wird der Boden, das heißt die Akkererde vorbereitet. So ziehe ich schon bei ungewohnt kaltem Maiwetter mit aufs Feld. Trotz meiner steifen Finger und rotem Gesicht ist das Arbeiten unter freiem Himmel ein herrliches Geschäft. Wir, das sind: Frau Schudel, ihre Schwester Marie und ich, hacken und häckeln den Boden, damit er locker werde und ziehen dann das Unkraut heraus.
Marie habe ich sehr gern. Sie ist alt und öfters sagt sie, die Knochen täten ihr weh. Man kann es sehen, sie geht gebückt. Aber sie hat ein goldenes Herz. Jeden Tag kommt sie von Schleitheim zu ihrer Schwester Elise, hier herauf nach Beggingen und bringt gute Laune mit. Wenn wir so zu dritt arbeiten, sind wir zufrieden.
Langsam kommen die warmen Tage, ein gutes Heuwetter versprechend. Dann mit einem Schlag, setzt bei strahlender Sonne der Heuet ein und hält uns beinahe vier Wochen in der Zange.
Der Sonntag wird wie alle anderen Wochentage zum Arbeitstag. Doch jeder Tag hat seine lichten Momente. Das sind vor allem die Znüni- und die Vesperpausen.

Sie werden eingehalten, auch wenn die Arbeit drängt. Es ist jedes Mal eine Wohltat, im Schatten eines Baumes sich hinsetzen, trinken und essen zu können. Bald ist es Speck, bald Käse mit Brot und dazu der saure Most, von dem mir immer etwas schwindlig wird.
Sonntags kocht Frau Schudel trotz Heuet ein richtiges Sonntagsessen. Es gibt Braten, Kartoffelstock und Salat. Und das weiße Tischtuch mit den feinen roten Streifen liegt auf dem runden Tisch.
Im Heuet sind die Leute im Dorf von einer entsetzlichen Hast getrieben. Atemlos arbeiten sie, auch wenn sie beinahe daran zugrunde gehen. Die Sonne tut mit. Sie brennt auf das kleine Dorf, so, als wollte sie den letzten Brunnen, der so viel Erquickung, soviel Labsal spendet, austrocknen. Nicht nur die Menschen werden matt, die Pflanzen dürsten noch viel mehr nach Regen!
Das Heu ist unter Dach und Fach. Warum kann es nun nicht endlich regnen? Über dem Randen ziehen sich an einem Sonntagnachmittag die Wolken immer dichter zusammen. Und wie das ersehnte Nass dann auf Dächer und Giebel platscht und tausend kleine Bäche dem Acker, der Wiese, der staubigen Straße, dem Garten zufließen, da werden die Gesichter zufrieden und freundlich. Gott sei Dank! Doch schon bald sagen die Begginger: Wenn nur die Sonne wieder schiene. Armer, geplagter Bauer! Könntest du dem Herrgott ins Wetterprogramm pfuschen, du würdest es tun, denn deine Arbeit ist so sehr verkoppelt mit dem blauen oder düsteren Himmel. Du musst immer nach ihm schauen, ob du willst oder nicht.
Auf den Heuet folgt die Ernte, das Emden, Herdöpfeln, Obstlesen, Runkeln ausziehen. Welche Fülle, welcher Reichtum, und so viel Handarbeit!
Hier endet mein Tagebuchbericht. Ich erzähle noch etwas weiter.
Bei Elise Schudel, meiner Meisterin, lerne ich viel. Sie lässt mich selbständig arbeiten. Werktags, wenn wir auf dem Feld die 11-Uhr Glocke läuten hören, sagt sie: „Ursle, gang hei go choche" - Ich verlasse als Erste den

Arbeitsplatz, die Heugabel oder den Rechen auf der Schulter und gehe dem Bückli zu. Am Brunnen tauche ich die Arme tief ins Wasser und kühle mein Gesicht.
Im Sommer ist es in der dunklen Küche sehr heiß. Und es wird noch heißer, wenn ich Feuer anzünde im Herd und die Omeletten backe. Kurz vor 12 Uhr kommen die beiden Schwestern Marie und Elise nach Hause. Sie sind müde, möchten sich am liebsten hinsetzen, wie es die Männer tun. Das können sie sich nicht erlauben. In jedem Bauernhaushalt muss mittags noch eine Suppe auf den Tisch. Und zu Omeletten gehört Salat aus dem Garten. Kein Ausruhen!
Elise Schudel gönnt sich nur sonntags, wenn Heuet und Ernte vorbei sind, eine Ruhezeit in ihrem Lehnstuhl am Fenster. Wohltuend, dieses Bild der Ruhe. Ich werde sie in Gedanken immer wieder vor mir sehen, die Frau mit dem langen dunkeln schweren Haar, den müden Gliedern, wie sie da sitzt im Abendlicht, zum Randen hin schaut und endlich die Hände in den Schoß legt.
Nur etwas kann ich im Nachhinein nicht verstehen. Warum schrieb ich im Tagebuch nichts über den Konflikt, den ich während der Beggingerzeit mit mir herumtrug und der viel zu tun hatte mit Elise Schudel? Es verging nämlich kaum ein Tag, an dem sie nicht den jungen, noch ledigen Begginger Pfarrer erwähnte, der sich für mich interessierte, mich auch ein paarmal zu sich einlud. Wusste sie nicht, dass ihre Tochter in ihn verliebt war, und dass viele Dorfmädchen für ihn schwärmten? Und hatte sie wirklich keine Ahnung, dass mir Hans gefiel, ihr eigener Sohn, mein Kinder- mein Jugendfreund? Nie hat sie etwas gesagt, wenn ich mit ihm tanzen ging an die verschiedenen Waldfeste und spät, sehr spät sogar nach Hause kam. „Uf jedi Chilbi bin i gsprunge" und habe unter Sternen in warmen und in kalten Nächten mit dem besten aller Tänzer getanzt, eben mit Hans. Und sie ließ es geschehen. Warum wollte sie mich unbedingt mit dem Pfarrer verheiratet sehen? Deutlich genug sagte ich immer wieder: „ich hürote nie en Pfarrer."

In meinem Tagebuch klebt ein winziges Photo vom Rheinfall, darüber ein rotes Herbstblatt. Es ist die Erinnerung an den Abschlusstag meiner Landzeit. Hans begleitet mich nach Schaffhausen. In einem Restaurant mit Sicht auf den Rheinfall trinken wir einen Tee zusammen. Ich bin voller Zuversicht, Hans bald wieder zu sehen und zwar, so beschließen wir es, im Noll, bei einem Weiher, versteckt im Wald, ganz hart an der deutschen Grenze. Geheimnisvolle Abmachung oder schon ein Grenzfall in meinem Leben? „Mit de Schwalbe bisch cho, mit de Schwalbe bisch gange, schön hämmers gha", sagt Hans zu mir und wir nehmen Abschied voneinander. Wie könnte ich ihn und seine Landschaft je vergessen!
Den damals jungen Pfarrer habe ich sozusagen erst heute entdeckt. Seine drei Briefe, - sie stecken in einem Umschlag, festgeklebt im Tagebuch, lese ich mit ganz anderen Augen als zur Begginger-Zeit. Heute weiß ich, dass er absolut kein Frömmler, sondern ein suchender, fragender Mensch war. Ich aber wollte scheinbar nichts anderes, als unbeschwert den Sommer genießen. Aus vollstem Herzen sang ich jeweils den Schlager mit, der an Waldfesten gespielt wurde: 'Ich tanze mit dir in den Himmel hinein'!

Der Weihnachtsmann

Marlies, meine St. Galler-Freundin, die, wie ich, nun auch in Basel wohnt, ist schon Mutter von drei kleinen Kindern. An gewissen Tagen bin ich regelmäßig bei ihr und helfe ihr bei der Arbeit. Wir sitzen am offenen Backofen, denn es ist sehr kalt draußen. Marlies stillt ihren jüngsten Sohn Jürg. Um Wärme zu bekommen, hat sie das Gas auf höchste Stufe gestellt. Die Mietwohnungen sind unterkühlt, haben noch immer Kriegstemperaturen. Doch eine stillende Mutter braucht Wärme.
Ich sitze auf dem Küchenschemel und wärme meine kalten Hände an den Gasflammen. Draußen wird es dunkel.

Ganz leise fallen dünne Schneeflocken. Schon bald Advent. Es kommt mir merkwürdig vor, dass ich nicht mehr in Beggingen oder in tief verschneiten Bündner Dörfern bin. Irgendwie fühle ich mich heimatlos in dieser Stadt. Basel ist nicht meine Stadt. Ich ging hier nicht zur Schule, kenne dadurch wenig Gleichaltrige. Ich komme mir sogar etwas nutzlos vor, obschon ich meiner Freundin im Haushalt und mit den Kindern helfe, im Pfarrhaus meiner Mutter beistehe, vereinzelte Rhythmikstunden gebe, eine Weihnachtsaufführung und Gedichte vorbereite. Ich beneide Marlies um ihre fest umrissene Arbeit in ihren eigenen vier Wänden. Sie weiß jeden Tag, dass sie geliebt und gebraucht wird. Das gibt ihr Sicherheit und Kraft. Ich sehe im Moment nur die Vorteile ihrer Lebenssituation. Bei mir hängt alles in der Schwebe. Ich möchte auch selbständig sein, einen Partner und Kinder haben. Wenn ich Marlies beim Stillen zusehe, denke ich, diese innige Mutter-Kindbeziehung müsste die absolute Erfüllung eines Frauenlebens sein. Ich muss viel über Abhängigkeit und Unabhängigkeit der Frauen nachdenken, bin aber noch sehr gefangen in den Mustern unserer Zeit. Schlager und Filme gaukeln uns ständig eine merkwürdige Art von Glück vor, und doch saugen wir uns voll mit diesen Bildern, diesen Tönen: „Einer wird kommen, der wird mich begehren, einer wird kommen, dem werd ich gehören."
Alle unverheirateten Mädchen, die ich kenne, haben nur diesen einen Wunsch: Heiraten, versorgt und selbstverständlich glücklich sein. Als käme das Glück von außen nur so hereingeschneit.
Mitten in meine vagen Ehevorstellungen sagt Marlies: Weißt du, wer heute den ganzen Tag hier war, sogar mit uns gegessen hat?
Keine Ahnung. - Ich habe natürlich eine Ahnung, spreche sie aber nicht aus.
Ein Student.
Was wollte der Student von dir?
Er setzte sich an meinen Esstisch mit seinen Büchern und einem großen Heft. Den Stubenwagen, in dem Jürg schlief,

zog er nahe zu sich heran und sobald der Kleine wach wurde, spielte und lachte der große mit dem kleinen Mann.
Nun weißt du ja wohl, wen ich meine. Er hat übrigens noch gesagt, immer nur unter Studenten könne er nicht sein. Er brauche zwischendurch Familienatmosphäre.
Also pendelt er wie ich hin und her zwischen Familie Kutter und Familie Bachmann. Spielt er bei dir auch Klavier?
Ja, und er singt dazu.
Singt er mit den Kindern Kinderlieder?
Nein, er kennt scheinbar nur ein einziges Kinderlied: 'Ja eusi zwei Chätzli sind tuusigi Frätzli'. Er singt aber jede Menge Schubert-, Kirchen- und Wanderlieder. Seine Mutter, sagte er, sei eine begeisterte Sängerin. Sie singe nur Klassisches. In einem berühmten Zürcher Chor hätte sie ihren Mann kennen gelernt. Er würde sie ab und zu auf dem Flügel begleiten. Weißt du, was ich glaube?
Nein.
Max Geiger, du weißt ja längst, dass es sich um ihn handelt, hat Hintergedanken. Er sucht nicht nur Familienatmosphäre oder Gelegenheit zum Klavierspielen. Er sucht noch etwas ganz anderes.
Was denn?
Du weißt es genau.
Nein, ich weiß es nicht. Wenn er mit mir spricht, schwärmt er von meiner Mutter, von dir, deinen Kindern, schwärmt von Karl Barth, schwärmt auch von Greta Garbo, zeigt mir ein Photo von ihr, das er bei sich trägt. Also hat er sein Frauenbild schon im Kopf. Er zählt mir auch die Namen der Studentinnen auf, die sich für ihn interessieren. Was soll's! Kürzlich hat er mich aufgefordert zu einem Spaziergang rund ums Quartier. Er müsse frische Luft haben, dann aber gleich wieder arbeiten. Er betont immer die Arbeit, schaut auf die Uhr beim Spazieren. Mitten in einem Satz kann er abbrechen und umkehren. Im Schaufenster einer Konditorei hat er Nussgipfel bestaunt. Ich habe gesagt: Lass uns hineingehen, einen Kaf-

fee trinken, einen Nussgipfel essen. Die Zeit hat ihn gereut. Stell dir vor!
Marlies tut, als hätte sie nichts von dem gehört, was ich eben sagte.
Sie schaut mich an. Gefällt er dir nicht?
Doch, er gefällt mir, das ist ja das Schlimme. Ach, ich würde ihn am liebsten streichen aus meinen Gedanken.
Das glaube ich dir nicht. Ich habe das Gefühl, dass er sich ganz langsam an dich herantasten möchte. Du warst bei Kurt auch unentschlossen. Sei doch diesem jungen Mann gegenüber gerecht. Lass ihm Zeit. Er ist immerhin vier Jahre jünger als du und mitten im Studium. Wenn einer so viele Fäden in der Hand hat, so viele Möglichkeiten vor sich sieht, auch noch der Lieblingsschüler ist von Karl Barth, kann er nicht einfach weglaufen und heiraten.
Heute heiraten auch Studenten.
Eine Studentenehe? Der allerneuste Trend. Ob Herr und Frau Geiger, sie zahlen ihrem Sohn schließlich das Studium, ob sie das schlucken würden?
Ich weiß, es sind nur meine Hirngespinste. Ich gehe jetzt nach Hause, lerne meine Rolle.
Was für eine Rolle?
Ich werde einen alten Mann spielen, der auf dem Weihnachtsmarkt Tannenbäume verkauft. Der Zufall will es, dass ich ausgerechnet für die Kirchgemeinde Ökolampad spiele, und zwar im kleinen Saal, in dem ich bis vor kurzem Soldaten bediente.
Würdest du das Stück auch bei uns im Gundeldingerquartier spielen? Beschauliche Unterhaltung ist nämlich an Weihnachtsfeiern gefragt.
Ja, wenn ihr mich engagiert.
Das Komitee engagiert mich. Und Max sitzt irgendwo im Zuschauerraum. Zum Glück kann ich ihn nicht sehen. Nach der Aufführung kommt er auf mich zu. „Ich habe dich tatsächlich für einen Mann gehalten. Würdest du mit mir einen Nachtspaziergang machen, alter Mann, trotz Nebel und Kälte?"
Ja.

Wir spazieren in die dunkle neblige Nacht hinaus, oder soll ich sagen hinein? Es ist wohl beides. Wir gehen hinaus in die Natur, laufen mit großen Schritten über leicht verschneite Bruderholzfelder und wir gehen hinein in einen völlig neuen Zustand, in eine neue Lebenssituation.
Kurt kommt mir in den Sinn. Kurt, der in einem fremden Pflanzland zu einem fremden Mädchen hingeht und einfach sagt: Ich will dich heiraten, dich und keine andere. Und zu mir sagte er: Auch du wirst einen Partner finden, an dem du nicht mehr zweifeln musst.
Und nun ist er hier, genau hier an meiner Seite. Woher die plötzliche Gewissheit, dass er der richtige Partner ist?
Hand in Hand gehen wir durch den Nebel. Es ist keine autoritäre Hand, die mich führt. Es ist eine weiche wegweisende Hand.
Nebel ist an diesem zwölften November vielleicht das richtige Klima für Max. Er braucht diesen Schutz, diese Hülle, diesen Schleier. Er kann sich nicht wie Kurt, frisch fröhlich in ein neues Abenteuer stürzen.
Es könnte auch sein, dass sich der Nebel verdichtet, die Sonne nie zulässt. Was dann? - Ich darf nicht daran denken. Eine Beziehung, die im Nebel erstickt?
Ich wünschte mir jetzt, für diesen Moment einen klaren Himmel voller Sterne, einen leuchtenden Vollmond und eine Umarmung. Glühende Sonne wäre mir noch lieber. Heiß, rund und schön wie die Liebe.
Max, sage ich, hat eigentlich dieser Spaziergang irgend etwas zu tun mit meinem Spiel?
Sehr viel sogar. Der Weihnachtsmann, wie er so dasteht, in die Hände haucht, sich die Hände reibt, herumpoltert, mit den Tannen, mit den Leuten spricht, hatte es mir angetan. Wie er dann noch auf dem Schlitten hockend, seine verstorbene Liesebeth anspricht, voller Zärtlichkeit, Heimweh und Trauer, wurde mir ganz warm ums Herz. Auf einmal dachte ich, nein ich wusste es mit tödlicher Sicherheit: Sie ist es! Unter all den Mädchen, die ich kenne, ist sie es. Mit dieser Frau möchte ich durchs Leben

gehen. Wir könnten es gut haben zusammen. Hast du nicht auch das Gefühl?
Doch.
Ist es dir recht, wenn ich, sobald wir zu Hause sind, deinen Eltern gerade heraus sage, dass wir zwei heiraten werden. Ist es dir recht?
Ja, nur - meinst du das wirklich? Ist es dein Ernst?
Sicher. Du musst mir einfach Zeit lassen. Mein Studium nimmt mich voll und ganz in Anspruch. Ich werde bestimmt kein einfacher Ehemann sein. Arbeit wird mich immer auffressen. Ich bin leidenschaftlich interessiert an Theologie. Hast du dir nicht geschworen, niemals einen Pfarrer zu heiraten?
Doch. Aber du hast nichts Pfarrherrliches an dir.
Da bin ich mir allerdings nicht so sicher. Aber lass uns jetzt nach Hause gehen und etwas trinken, Liebste.
Liebste? hat er das gesagt und er meint es so?
In der Pfarrhausstube sitzen Hermann und Lucy auf dem grünen Kanapee. Wartende Eltern! - Lucy spürt, dass etwas in der Luft liegt. In solchen Momenten offeriert sie immer einen Schnaps. Max kriegt noch seinen Tee. Und beim Teetrinken schenkt er meinen Eltern klaren Wein ein: Herr Pfarrer, Frau Pfarrer, wir haben uns verlobt.
Großes Erstaunen, große Freude.

Brief von Cecil

Liebe Ursel,

Deine Hochzeit habe ich in schöner Erinnerung. Ich frage mich natürlich, warum du dir ausgerechnet den 13. Mai ausgesucht hast. Ich hätte das nicht gewagt. Ich glaube an Glücks und Unglückszahlen, an die schwarze Katze, an verzauberte Brunnen. Ich glaube auch an das, was die fremde Frau mit dem dunklen Blick mir aus der Hand gelesen hat. Sie kam manchmal am Waisenhaus vorbei mit meinem Vater. Er verkaufte Kochlöffel, sie las aus der Hand. „Deine Hand ist noch zu klein", sagte sie beim ersten Mal und später, als meine Hand größer war, schaute sie sie lange an: „Kind, für dich läuten auch einmal die Hochzeitsglocken. Du wirst glücklich sein mit deinem Mann. Du hast kein einfaches Leben vor dir, doch du gehst nicht unter." - Die Prophezeiung der Frau mit dem dunklen Blick wird in Erfüllung gehen, da bin ich mir sicher. Und mein Bruder wird an meiner Hochzeit Zigeunermusik spielen. - Schon verrückt, dass die Sache mit Fredi nur so im Sand verlief, keine Spuren hinterließ, nicht einmal Trauer. Er und ich gingen damals zum Standesamt, weil ein Kind unterwegs war. Wir fühlten uns in keiner Weise verbunden miteinander. Es gab nichts zu feiern, nicht einmal etwas Gutes zu essen an jenem Standesamtstag. Jetzt, da wir geschieden sind, können wir reden miteinander. Fredi hat sich im Militärdienst in eine Serviertochter verliebt, wahrscheinlich wird er bald heiraten. Sie erwartet ein Kind. Doch nun zu dir, Ursel. Du hast schön ausgesehen in deinem weißen Kleid. Mir gefiel natürlich, dass dein Hochzeitsstrauß ein Wiesenstrauß sein musste. Es passt zu dir. Du bist ein Landkind. - Mit deinem Schwager, den du mir zum Partner gegeben hast, verstand ich mich gut und tanzte auch gerne mit ihm. Er ist ein schöner Mann. Ob er mich auch schön fand in meinem Zigeunerrock? - Einmal hat mich dein Schwiegervater zum tanzen geholt, und weißt du, was er sagte? Er hätte seine Rede als Vater nicht halten dürfen. Emma, seine Frau hätte es ihm verboten. Ahnst du warum? Er wollte dich, seine Schwiegertochter, warnen vor seinem Sohn. Max wäre ein furchtbarer „Chrampfer", eigentlich kein Mann zum heiraten. Ich musste lachen, als er das sagte, und er war sichtlich erleichtert, dass ich lachte. Er hätte tatsächlich vor allen Leuten sagen wollen: Ursula, pass auf, was du machst! - Zugleich wusste er, dass es für diese Warnung zu spät war. Sein Verhalten und seine Ehrlichkeit gefielen mir. Für die Tränen deiner Schwiegermutter hatte ich keinerlei Verständnis. Du hast ihr verweintes

Gesicht wohl kaum gesehen, schienst in dir selber zufrieden und glücklich. Hast jedenfalls gestrahlt. Deine Schwiegermutter hat wohl Mühe, ihren Sohn loszulassen. Es zerreißt ihr das Herz! Ja, ja, es zerreißt noch vielen Müttern das Herz! - Schon merkwürdig, was an so einem Tag zusammenfließt an Gefühlen. Ein großes Mischmasch von Unausgesprochenem. Hochzeiten machen süchtig. Sehnsüchtig. Süchtig nach Harmonie. - Ich habe mir an deiner Hochzeit meine Hochzeit ausgemalt und deinen beiden Schwestern ging es vielleicht ähnlich. Entsteht zwischen drei Schwestern nicht ein gewisses Konkurrenzverhalten? Ein Konkurrenzneid? Wer hat den besten, schönsten, klügsten Mann? Wie mag es sein, wenn sich Schwestern in der Mitte des Lebens und im Alter treffen? Ob sie immer noch vergleichen oder zufrieden sind mit dem eigenen Los? Ich bin gespannt, wie es mir dereinst mit meinem Bruder gehen wird. Er hat sich in Elisabeth verliebt, hat sie nie mehr aus den Augen gelassen seit der Wildhauser Zeit. In jener Nacht unter freiem Himmel, nach unserer Aufführung mit den Franzosenbuben, hat er Feuer gefangen für sie. Ich finde den Widerspruch schön: Kalte Nacht und Feuer fangen. Das passt zu Res. Ich mag ihn und ich bin froh, dass er nicht mehr im Tessin, sondern hier in Zürich seine Ausbildung als Tänzer weiter macht. Wir laden ihn regelmäßig zum Essen ein in unsere kleine WG. Wohnen will er allein. Er hat sich eine Bude gemietet bei einer alten Schlummermutter, die ihn verwöhnt. Jetzt schon mit seiner Freundin schlafen ginge wohl gegen sein Prinzip. Er stellt hohe ethische Ansprüche an sich. Doch im Tanz, wenn er mit Elisabeth auftritt, verschmelzen sie ineinander, werden eins. Da könnte ich stundenlang zusehen und träumen. Ach, was erzähle ich da. Komm doch einmal mit deinem Mann zu uns. Ich möchte ihn kennen lernen. Noch etwas muss ich dir schnell sagen. Bei mir ist das Tanzfieber auch ausgebrochen. Res hat mich aufmerksam gemacht auf eine Laientanzgruppe, sie nennt sich 'Volkstänze aus aller Welt'. Da hab ich eine Griechin kennengelernt. Sie hat von einer

großen griechischen Hochzeit geschwärmt. Eine Hochzeit, die über Tage hinweg dauerte in einer riesigen Sippe. Und bei uns in der Schweiz ein einziger Tag! Wie hätte ich mir von deinem Mann ein Bild machen können an einem Tag! Nun bist du schon so lange verheiratet und ich kenne ihn nicht.
Auf baldiges Wiedersehen freut sich

Cecil.

Brief an Cecil

Liebe Cecil,

stimmt, ich bin schon lange verheiratet, schon volle acht Wochen und ich hatte bereits Panik, ich würde kein Kind bekommen. Du weißt ja,: bei mir sollte alles blitzschnell gehen. Miteinander schlafen und gleich schwanger sein. So ungeduldig bin ich. Schlimm, ich weiß. Jetzt erwarte ich tatsächlich ein Kind. Jeden Morgen wird mir übel. Sehr, sehr unangenehm! Ich habe eine nie gekannte bleierne Müdigkeit in mir. Trotzdem bin ich einfach selig. Es ist ein merkwürdiger Zustand. Ich gehöre zu meinem Mann und gehöre ebensosehr zu dem unbekannten Wesen, das in mir seinen Platz eingenommen hat. Meine bisherige Ehezeit - ich nenne sie lang, doch sie ist kurz - kommt mir vor wie Ruhezeit, verglichen mit der Verlobungszeit. Sie war turbulent. Nach altem Baslerbrauch haben wir Verwandte und Bekannte besucht. Die meisten wollten natürlich über Max Bescheid wissen. Welche Laufbahn er in Zukunft einschlagen werde, ob sein Ziel die Uni sei. Ich kam mir manchmal völlig überflüssig vor, wusste nicht, was sagen. Immer ging es um Akademisches, immer! Am schlimmsten war es bei Karl Barth. Er drehte mir an seinem Familientisch den Rücken zu und sprach nur mit Max. Und weißt Du, warum? - Karl Barth soll Max gewarnt haben vor der Heirat mit einer Kutter

Tochter. Das hat mir Max selber gesagt nach diesem Besuch. Er lachte dazu, aber mir war nicht ums Lachen. - Familie Kutter, Familie Barth. Was hat sich zwischen ihnen abgespielt? Ich glaube: Gar nichts und genau da liegt der Has im Pfeffer. Mein Vater ist kein Barth-Verehrer, er ist ein Barth-Bücherleser und -Kenner. Doch damit hat es sich. Lassen wir sie! - Ich hatte bei Barth's plötzlich den Wunsch, mich zurückzuziehen aus Theologenkreisen. Doch gegen meine Liebe zu Max ist kein Kraut mehr gewachsen. Während der ganzen Verlobungszeit streckte er noch Fühler aus nach attraktiven Studentinnen. Er nahm mich mit zu Esthi, zu Vreni, zu Paula. Er verglich mich mit allen, nur sprach er es nicht aus. Esthi hat zum Glück einen Schatz. Mit Vreni führte er akademische Gespräche und zu mir sagte er dann, sie hätte ihn gewollt, doch sie sei ihm zu wenig weiblich, was immer das heißen mag. Ich fand Paula eine prima Frau. Sie sagte zu mir: Max Geiger ist ein Mann, mit dem man glücklich werden kann. Sie sagte es neidlos. Sie hatte nicht im Sinn, ihn mir wegzunehmen. Für mich war die Verlobungszeit eine Zerreißprobe. Max schwankte hin und her. Wäre es so weitergegangen, hätte ich ihn aufgegeben. Nicht nur Karl Barth, auch seine Mutter hatte keine Freude an mir. Kurz vor der Heirat besuchte ich die Geigers in Rorschach. Max ging mit Bruder und Vater nach dem Mittagessen hinaus zum Fußballplatz, um einen Match zu sehen. Ich saß also allein mit der zukünftigen Schwiegermutter auf ihrer Terrasse. Wir tranken Kaffee aus rosaroten Tässchen mit Goldrand und aßen von Emmas selbstgebackenem Kuchen. In diesen schönen blauen Frühlingstag hinein sagte sie zu mir, sie hätte eigentlich für ihren Sohn eine andere Braut im Auge gehabt. Eine sehr begabte Geigerin, die wunderbar zu Max passen würde. Beide seien sie doch so musikalisch. Ja, die Schwiegermutter ist enttäuscht, du hast ja ihre Tränen an meiner Hochzeit gesehen. Ich bin vielleicht ein Fremdkörper in dieser Familie. Aber stell dir vor, seit wir verheiratet sind, zweifelt Max nicht mehr an unserer Beziehung. Es scheint für ihn nun alles klar zu sein. Unse-

re Hochzeitsnacht war für uns beide ein beglückendes Erlebnis. Ein toller Liebhaber, ein feinfühlender Mann, was will ich mehr! Ich hatte, ich habe Glück! - Nur etwas kann er nicht, mein Supermann. Er kann trotz seiner Musikalität nicht tanzen. Ich bin auch in einer Volkstanzgruppe gelandet, weil ich ohne Bewegung, Tanz, Rhythmus gar nicht richtig leben kann. Beim Tanzen, das muss ich dir ehrlich gestehen, bin ich immer in Gedanken bei Hans. Das wird so bleiben, ich weiß es. Es ist dann, als würde meine Jugend an mir vorbei tanzen, und der Wald tanzt, der damals zusah, und die Sterne tanzen und alles war doch erst gestern. Drehend erlebe ich die Gegenwart, schwebend die Vergangenheit.....
Nun aber Schluss, Schluss mit dem langen Brief. Du sahst an meiner Hochzeit übrigens toll aus in deinem Zigeunerrock. Dein ungebändigtes Haar hat den Zigeunerlook noch vervollständigt. Leb wohl, schöne Frau, leb wohl. Herzlich,

                                                Ursel.

Tagebuch

                              Sommer 1946

Lange nicht mehr Tagebuch geschrieben und so viel erlebt! Eigentlich waren die Sommer - unsere ersten Eheferien gar keine Ferien. Ich hätte mir in meinem Zustand geruhsamere Ferien gewünscht. Blaue Tage am Bodensee! Statt dessen macht mich mein Mann, noch immer Mitglied der St. Galler Altpfadfinder, zur Köchin von 60 ausgehungerten, schmächtigen, bleichen, schüchternen, dann immer lebhafter werdenden Wienerbuben. Sie werden vom Verein Altpfadfinder zur Erholung in die Berge geschickt. Und Max stellt sich als Leiter zur Verfügung. Gute Luft, bezahlte Ferien: Ein Schweizergeschenk!

Hab ich einen Mann geheiratet, der nicht ausruhen, schon gar nicht faulenzen kann, immer ein Programm durchziehen muss, überall mitmachen will? Vielleicht!
Die Altpfadfinder machen es sich in meinen Augen leicht, sind irgendwie ahnungslos, schicken uns nämlich nur zwei Pfadiführer hier herauf in diese abgelegene Berghütte. Es sind die Brüder Hans und Peter, äußerst hilfsbereite junge Burschen, doch wir hätten mindestens fünf Helfer gebraucht. Die Wege sind weit, die Hütte liegt hoch über dem Dorf Madulain. Max glaubt, wie viele andere Schweizer, dass Bergluft die Menschen gesund macht. So absolut glaube ich nicht daran. Ich hätte den Kindern ein mildes Tessinerwetter gegönnt. Sie frieren hier oben. Das Klima ist rauh. Immer weht ein kühler Wind. Berge können unbarmherzig sein. Was mache ich mit dem kleinen Hugo, seinen Ohrenschmerzen, seinem Heimweh, seinen Tränen? Zum Glück habe ich noch etwas Schokolade bei mir und das blaue wollene Dreiecktuch. Ich wickle ihn in mein Tuch ein. Er lässt es geschehen, lässt sich trösten, schämt sich nicht, schaut mich mit seinen großen dunkeln Augen an, lächelt sogar, schluckt brav ein halbes Aspirin und schläft schlussendlich, während ich ihm die Geschichte vom 'Zwerg Gumpeli' erzähle, in meinen Armen ein. Ich bitte die Brüder Hans-Peter, mir unten im Dorf Ohrentropfen zu besorgen für Hugo. Wenn keine Apotheke vorhanden, sollten sie beim Pfarrer fragen. Max schreibt dem Pfarrkollegen einen Brief, bittet ihn, im Dorf möglichst bald Jacken, Pullis und Mützen zu sammeln für die schlecht ausgerüsteten Buben. An warme Kleidung haben die St. Galler Pfadfinder nicht gedacht. Es fehlen ihnen scheinbar die Frauen.
Ebenso wichtig wie warme Kleidung ist gute Kost. Eigentlich gehörte ein Profikoch hieher. Ich habe noch nie für so viele Leute gekocht. Max sagt einfach: Du kannst das, du warst Soldatenmutter. Doch Wähenbacken und Kochen sind zweierlei Dinge. Wieviel Mais nehme ich für 64 Personen? Wieviele Linsen weiche ich ein? Es muss alles billig sein! - Wieviel Reis, wieviel Spaghetti? Wie-

viel Liter Milch koche ich zum Frühstück? Wieviel Brot, Käse und Butter bestellen? Nirgends eine Waage, kein Litermaß, keinen elektrischen Herd, kein elektrisches Licht. Null Komfort! - Ich koche in einem riesigen Kochkessel über dem offenen Feuer, draußen vor der Holzhütte. Hans und Peter helfen mir. Wir kommen beim Kochen ganz schön ins Schwitzen, so nahe beim Feuer und abends frieren wir. Wir schlafen alle am Boden auf ausgedienten Laubsäcken, decken uns mit Militärdecken zu. Liebesnächte auf diesem harten Lager? Schade um die vielen Nächte!
Sind Pfadfinder der Meinung, Abhärtung täte den Jugendlichen immer nur gut? Die Buben sind jedenfalls froh um die warmen Sachen, die der Pfarrer in kürzester Zeit zusammengebettelt hat. Mit Hurragebrüll haben sie sie in Empfang genommen. Nachts schlafen sie nun in Pullis und Jacken unter den Militärdecken. Ich friere weiter, bin wohl empfindlich geworden, weil ich ein Kind erwarte.
Max kommt prima zurecht mit dem einfachen Leben. Nur seine tollkühnen Experimente machen mir Angst. Muss er unbedingt eine Brücke bauen über den wilden Bergbach? Hugo darf auf keinen Fall mit nackten Füßen im Wasser stehen. Auf dieses Vergnügen muss er den Ohren zuliebe verzichten. Ich erzähle ihm dafür Geschichten.
Immer wieder warne ich meinen Schatz zur Vorsicht. Doch handkehrum bin ich auch stolz auf ihn. Er rennt mit derselben Energie hinter dem Ball her wie die Kinder. Wenn ich ihm beim Spielen zusehe, denke ich: Er wird ein guter Vater sein. Ich liebe seine frische Unbekümmertheit. Max ist ein junger Mann und ich habe das Gefühl, dass er ein junger Mensch bleiben wird. Gottseidank habe ich keinen alten Mann geheiratet. Unsere Gruppe kommt mir manchmal vor wie eine Patchworkdecke. Jeder Bub hat sein Muster, seine Farbe, seine Qualität. Und da ist einer, der die Vielfalt zusammenhält, der Gruppenführer Max. Er weckt in den Buben auch Entdeckerfreuden. Sie wollen, wie damals meine Franzosenbuben, die Gegend auskundschaften. Am ersten August klettern wir

bei anbrechender Dunkelheit auf einen Hügel und machen oben ein riesiges Feuer. Max erzählt Schweizersagen. Wir singen Pfadi- und wir singen Wienerlieder, essen gebratene Würste mit Brot, trinken heißen Holundersaft, tanzen ums Feuer. Plötzlich hören wir von weit her langgezogene, seltsame Klänge. Ein Alphornbläser. Noch sind sie still, die Bergtäler. Ich kann mich an keine einzige Rakete erinnern. Unter dem sternenbesetzten Augusthimmel tragen die Buben ihre Laternen nach Hause. Rotleuchtende Punkte in der Nacht. Das Gelände ist stotzig. Ich halte mich fest an Max. Wir reden nicht miteinander. Stille hat ihre eigene Kraft. Auch die Buben spüren es. In großer Ruhe gehen wir schlafen.

Am zweiten August putzen wir die Hütte und der dritte August ist Reisetag. In zwei großen Bussen fahren die Buben zurück nach Wien. Bevor Hugo einsteigt, muss ich ihn schnell umarmen. Es geht nicht anders. Braune Arme winken uns bis zuletzt Die Buben sind tatsächlich kräftiger geworden, sagt Max voller Stolz und keiner wurde ernsthaft krank. Kein Unglück ist passiert, füge ich bei. Davor hatte ich Angst, denn Maxen's Programm war jeden Tag prallvoll.

Nun trinken wir mit Hans-Peter in der Beiz nahe beim Bahnhof den Abschiedstrunk. Ohne euch, sagt Max, hätten wir's nicht geschafft. Hier ist der Lohn. Er legt zwei Hunderternoten auf den Tisch. Ich bin erleichtert. Mein Gemahl gibt das Geld nämlich nicht so leicht aus der Hand. In solchen Momenten stößt es mir immer wieder auf, dass ich, wie die meisten Hausfrauen, kein eigenes Geld verdiene. Peters Gesicht glänzt vor Freude. Nun kann ich mir ein Velo kaufen. Aber es wäre nicht nötig gewesen. Was heißt schon nicht nötig, mische ich mich ein. Dutzende Male habe ich Hans-Peter gerufen und immer wart ihr beide zur Stelle. Den Mais und den Reis habt ihr gerührt im riesigen Kessel. Ihr habt Holz herbei geschleppt, in aller Herrgottsfrühe frische Milch geholt beim Senn, Essen ausgeteilt, beim Geschirrspülen geholfen, und mit den Buben wart ihr prima. - Wir schütteln uns die

Hände, nehmen Abschied. Im Zug schlafe ich augenblicklich ein, und in Zürich steigen wir aus. Cecil hat uns zu sich in die WG eingeladen. Wir dürfen auch bei ihr übernachten.
Was ist mit Cecil? Sie öffnet uns die Türe, schaut mich mit strahlenden Augen an. Ich habe in Wildhaus ihre Hochs und Ihre Tiefs miterlebt und sie die meinen. Jetzt, ich spüre es, geht es ihr gut. Ein paar Minuten später weiß ich warum. Berni! - Lachend stellt sie ihn mir vor: „Berni Reusser, ein Kollege aus der Volkstanzgruppe." - Schon bald, während wir unsere Pellkartoffeln, dazu Käse und Salat essen, weiß ich: Berni ist mehr als nur Kollege, Berni ist Cecils Schatz. Res und Elisabeth, Berni und Cecil, Max und Ursula: Lauter verliebte junge Leute um einen Tisch mit Essen. Wein und Liebe machen uns trunken. Jetzt, gerade jetzt hat das Leben Seltenheitswert.
„Prost, stoßen wir an auf uns, und auf dein Kind Ursula."- Res hebt sein Glas. „Wie soll es denn heißen?"
- Christine -
Cecil meint, man dürfe nie den Namen eines ungeborenen Kindes preisgeben. Doch der Name Christine steht nun einfach im Raum. Ein zweiter Name taucht auf. Der Name 'Sack'.
So hast du als Jungpfadfinder geheißen, stimmt's, Max?
Ja, Res, es stimmt. Du kommst mir auch bekannt vor.
Ich kann dir genau sagen, warum. Du warst der einsame Klavierspieler im Singsaal der Kantonsschule St. Gallen. In der Mittagszeit von zwölf bis zwei Uhr hast du jeden Tag geübt und so viel ich weiß, nur eine Tafel Schoggi gegessen. Erinnerst du dich an den Buben, der einmal zur Türe herein kam und dir zuhörte? Du hast ihm ein Stück Schoggi abgebrochen und gesagt: geh jetzt nach Hause.
Max schaut Res an. Ja, genau, das warst du.
Ich war es und der Waisenhausvater schimpfte, als ich so spät eintrudelte und er mit dem Tischgebet warten musste.
Ich hätte viel darum gegeben, noch öfters deine Privatkonzerte mithören zu können.

Lauter Max Varianten: Max am Klavier! Damals, als Gymnasiast.
Max im Bubenalter. Hätten wir, er und ich, miteinander gespielt als Kinder?
Max in Gesellschaft: ein glänzender Unterhalter und Anstifter zum Denken, wenn ihm, wie an diesem Abend, die Runde gefällt.
Max als Liebhaber: Seine Zärtlichkeit, seine Zuwendung. So lernen wir uns kennen.

Geburten

Ich komme mir vor wie ein dunkles Gefäß, eine dunkle Wiege, aus der sich mein Kind am Sonntagmorgen des 23. März 1947 befreien muss. Und es geht mir während der Geburt in der Basler Klinik an der Leimenstraße so, wie es mir oft geht, wenn Ereignisse stark sind, mich überschatten und überstrahlen: Ich suche Zuflucht in einem Lied: 'Dunkelt das Land nun, blühn die Blumen fort im Dunkeln, blühen und leuchten auf allen Wiesen'.
Christine wird hineingeboren in das blühende Basel: die Wiese am Margarethenhügel, der Margarethenpark, die Vorstadtgärtchen unseres Quartiers, der Klinikgarten, auch der Pfarrgarten meiner Mutter am Winkelriedplatz, alle sind sie voller Blütendüfte, Blütenpracht und Vogelsang. Kind, was willst Du mehr! - Während deiner Geburt läuten die Glocken. Dein Vater sagt, du seiest zur Stunde des Gebets auf die Welt gekommen. Ein Sonntagskind! Es bedeutet ihm viel. Zu Hause, in unserer Drei-Zimmerwohnung, so erzählt er mir tags darauf, hätte er seinem Herzen Luft machen, d.h. Klavierspielen und dazu Lieder singen müssen. Im ganzen Haus hätten sie es dann gewusst: Max Geiger ist Vater geworden. Und sie seien gekommen, getrennt natürlich, weil sie schon wieder Krach hätten, die Süfferts und das Ehepaar Hess und sie hätten ihm gratuliert. Dann sei er zu Bett gegangen, hätte

tief und lang geschlafen und sei am nächsten Morgen überglücklich aufgewacht. Wie neu geboren!
Geburt war für mich beides: Dunkel und Licht. Finsternis und Helle. Trotz der großen überwältigenden Freude, dass dieses, genau dieses unverwechselbare Kind nun unser Kind ist, spüre ich eine nie gekannte Traurigkeit in mir. Die Schwestern sagen, es sei eine Schwangerschaftsdepression und die käme von der Hormonumstellung. Und viele Frauen auf der Abteilung würden, so wie ich, einfach heulen.
Vielleicht wären bei mir weniger Tränen geflossen, hätte ich mein Kind, wie es die heutigen Mütter tun, unmittelbar nach der Geburt auf meinen Bauch legen und eine ganze Weile bei mir behalten können. Dem ist nicht so. In den vierziger Jahren herrschen strenge Wochenbettsitten. Kinder und Mütter leben in großen Spitälern 10 Tage getrennt voneinander. Die Schwestern bringen aus dem Kinderzimmer die Neugeborenen, legen sie den Müttern an die Brust und tragen sie nach dem Stillen zurück ins Kinderzimmer. Da werden sie gewogen und schon bald gibt es zwei Kategorien von Müttern: Die guten und die schlechten Stillerinnen. Hier in der Klinik bin ich, wie alle anderen Wöchnerinnen, privilegiert. Mein Kind liegt neben mir in einem kleinen weißen Bett. Ich kann es mir ansehen, so oft ich will, darf es aber nicht zu mir ins Bett holen und stillen, wenn es schreit. Und es schreit halt. Mein Instinkt sagt mir: Nimm es zu dir, gib ihm zu trinken. Es ist eigentlich dein gutes Recht! - Warum tue ich es nicht? Sämtliche Wöchnerinnen, das weiß ich doch, gehorchen den unausgesprochenen Gesetzen des Hauses, den Gesetzen unserer Zeit. Diktiert von ... . Ja von wem eigentlich? Von obersten Instanzen, den Frauenärzten? Sie haben das Brutgeschäft seit langem zu ihrem Geschäft gemacht. Wir Frauen haben es akzeptiert, denn die Kindersterblichkeit ging rapide zurück. Widerstandslos legen wir uns auf den Gebärschragen, obschon liegend gebären unbequem und gegen die Natur ist. Würde ich mein Kind nicht lieber in der Hocke gebären, wie die Zigeunerinnen?

Im Hinterkopf habe ich solche Gedanken, doch ich tue, was der Professor mir sagt. Ich fühle mich sicher in seinen Händen und habe keinerlei Grund, ihn anzuzweifeln. Die Maschen unserer Zeit mit allem, was Gesellschaft beinhaltet, sind ein Netz, aus dem wir Frauen nicht herausfallen wollen. Ich auch nicht. Wir sind nun einmal die Frauengeneration, die sich während der Schwangerschaft und später in der Erziehung und Wartung unserer Kinder an hergebrachte Regeln hält, hergebrachte Grundsätze beachtet. In Amerika bröckeln Erziehungsprinzipien langsam ab. Ob das zu uns herüberkommt? Wahrscheinlich schon.

Zehn Tage Kindbettzeit. Eine lange Zeit. Ausruh- und Besinnungszeit. Für heutige Begriffe wohl schon ein Luxus.

Am letzten Kliniktag findet in Anwesenheit des Professors eine Art Säuglingsshow statt.

Schwester Lilly zieht meinem Kind die Klinikkleider aus, dann legt sie Christine nackt auf ein Badetuch in mein Bett und der Professor prüft die Körperfunktionen des Kindes. Er dreht und wendet die kleine Christine, bewegt ihre Arme und Beine, dreht ganz sachte den Kopf nach beiden Seiten und sagt in beruhigendem Ton: sie sehen, es ist alles in bester Ordnung.

Für mich ist das nur die halbe Wahrheit. Ich fühle mich meinem Kind gegenüber schuldig, denn ich bin keine gute Stillerin. Meine Milch fließt spärlich. Zu Hause halte ich mich an die verordneten Stillzeiten. Sie wurden uns ja eingeprägt. Mein Kind weint viel. Ich würde es am liebsten den ganzen Tag herumtragen, mit ihm allein sein, ohne Uhr, ohne Plan und Vorschriften. Scheinbar geht das nicht. Max ist auch für Ordnung, Ruhe und Konsequenz. Er ist sogar dafür, dass ich mit der Flasche nachhelfe. Er selber zieht sich zum arbeiten in die Dachkammer zurück. Dort ist es unerträglich heiß, aber still.

Ich komme mir als Versagerin vor und wahrscheinlich überträgt sich meine Unsicherheit auf Christine. Was soll ich machen?

Eines Tages läutet es an unserer Glastüre. Ich öffne sie. Eine mir unbekannte, ältere Frau in einer Schwesterntracht

steht da. Sie lacht mich freundlich an und stellt sich vor als Schwester Frida, ehemals Hebamme im Gundeldingerquartier. Sie kenne Frau Pfarrer Kutter, meine Mutter und die hätte ihr von meinem Stillpech erzählt. Vielleicht, ... ja, vielleicht könne sie mir ein wenig helfen.
Und wie sie mir geholfen hat!
Ich führe sie in die Stube, biete ihr einen Stuhl an, lege mein Kind in ihre Arme und sie füllt mit ihrer Ruhe, ihrer Gelassenheit den ganzen Raum. Mir ist, als könnte ich zum ersten Mal seit Christines Geburt tief durchatmen und zu mir selber Vertrauen fassen. Mit der größten Selbstverständlichkeit durchbricht diese Frau Spitalregeln, sagt einfach: „Sie können stillen. Alle Frauen können stillen. Sie müssen nur auf ihr Kind hören. Nicht sture Zeiten einhalten. Es meldet sich vielleicht alle zwei Stunden. Das macht aber nichts. Wahrscheinlich braucht es öfters Milch und Nestwärme."
Diese zwei Wörter prägen sich mir ein: Milch und Nestwärme. Sie sagt mir auch, wo ich den richtigen Stilltee kaufen könne, und dass ich bei diesem extrem heißen Wetter ab und zu ein alkoholfreies Bier trinken solle. Der Hopfensaft sei ein köstlicher Saft, Luthers Frau hätte ihn sogar selber gebraut. Er rege die Milchproduktion an. Und noch etwas Wichtiges: Ziehen sie ihr Kind immer so an, wie sie selber angezogen sein möchten bei dieser Hitze.
Der erste Sommer meines Kindes: jeden Tag blauer Himmel! Nirgends auch nur die kleinste Wolke in Sicht. Müssen Wiese, Wald, Feld, Gärten verdursten? Am Ende gar Vieh und Mensch? Wunderbare Sternennächte, aber keine Nachtkühle mehr. Immer nur diese dumpfe Schwüle in der Wohnung. Die Stadt kommt mir vor wie ein glühender Kessel. Kein Lüftchen rührt sich. Von Mai bis September fällt kein Tropfen Regen. Unter der gnadenlos brennenden Sonne fahre ich meine kleine Tochter in ihrem Ausgangswagen regelmäßig zur Stillkontrolle. Meine Milch fließt, als hätte ich nie Schwierigkeiten gehabt. Mein Kind wird satt. Ich bin keine Versagerin mehr, beziehe sogar Stillgeld. Und für diese Fr. 120.-- porträtiert

Karl Dick meine Tochter. Ich wusste nicht, dass Maler Dick berühmt ist in Basel. Ich rief ihn einfach an, und er kam und zeichnete für das wenige Geld ein schönes Bild von Stine. Ich schenkte es meinem Mann zu Weihnachten.

Im Sommer 1947 stirbt meine Großmutter Hanna. Drei Jahre habe ich bei ihr gewohnt, mit ihr am selben Tisch gesessen und gegessen, mit ihr geredet, ihr zugehört. Und ein paar Wochen vor ihrem Tod sitze ich mit Stine an ihrem Bett. Großmutter schaut mich an, als würde sie mich kennen, doch mein Kind kann sie nicht mehr einordnen in die Familie.

Es wird leer, wenn die Großeltern wegsterben. Meine Eltern rücken nun ins Großelternglied, und wir, die Töchter, kriegen die Kinder.

Am 25. August 1948 kommt mein Sohn Kaspar zur Welt. Und meine Schwester Veronika wandert aus nach Amerika mit ihrem Mann, Klaus Rüdenberg. Er ist jüdischer Abstammung und will sich eine neue Heimat suchen.

Ankunft und Abschied. Schönes und Schweres beieinander. Und kein Mensch kann einen anderen Menschen ersetzen. Meine Mutter ist todtraurig, dass ihre jüngste Tochter Vroni in die Fremde zieht für immer. Der eben geborene Enkel kann sie nicht hinwegtrösten über den Verlust ihres Kindes. Ich aber lasse mir die Freude an meinem Sohn durch nichts trüben.

Zum zweiten Mal bin ich in der Leimenklinik, komme mir schon ganz routiniert vor. Alles geht gut, auch das Stillen. Wie einst Stine, liegt nun der kleine Bub im weißen Bett neben mir. Durch's offene Fenster strömen herbstliche Düfte und aus den Blumen leuchten die Farben des Spätsommers - Das Gesicht meines Kindes gleicht einer Rosenknospe, zart und verschlossen. Merkwürdig, diese weiß abgeschirmte Klinikwelt, in der sich Tod und Leben, Freude und Leid abspielen.

Wir haben es gut, mein Sohn und ich. Wir schlafen viel. Ich schaue ihn immer wieder an, rede und lache mit ihm und stille ihn zu seiner und meiner Zufriedenheit.

Bei der Geburt meines dritten Kindes sage ich zur Hebamme: Machen wir es doch allein, ohne Männer. Nur sie und ich. Bin ja auch allein in die Klinik gekommen.
Die Hebamme lacht. Sie strahlt eine Wärme aus, die mich anzieht. Sie ist eine Profifrau, das spüre ich. Doch sie schüttelt den Kopf. Es würde schon gehen, ist aber nicht erlaubt. Ich muss den Professor benachrichtigen und ihren Mann natürlich auch. Es ist sogar allerhöchste Zeit. Halten sie die Presswehen noch etwas zurück.
Sie rennt zum Telefon und schon bald, unter ärztlicher Aufsicht natürlich, kommt meine Tochter Julia zur Welt - eine sanfte, kampflose Geburt und ein sanftes ruhiges Kind.
Mit diesem Kind beginnt ein neuer Lebensabschnitt. Wir ziehen von der Stadt aufs Land. Es kommt mir vor wie eine Befreiung.
Die Basler Wohnung war eng, klein, gemütlich, billig (Fr. 90.-- Monatsmiete) und sehr heiß im Sommer.
Im Baselbieterdorf Tenniken wartet ein altehrwürdiges riesiges kühles Pfarrhaus auf uns. Max wird eine Gemeinde und ich werde zwei weitere Kinder zu betreuen haben: Lisette und Georg. Diesmal Hausgeburten mit der Dorfhebamme.
Die Lisette-Geburt, eine Montagsgeburt von sechs Stunden. Und die Freitagsgeburt von Georg eine lange und schwere Geburt mit beinahe tödlichem Ausgang.
Mein jüngstes Kind ist gottseidank gesund und nun ist die Familie vollständig.

Brief an Cecil

Liebe Cecil,

stell dir vor, plötzlich bin ich nun so etwas wie eine Amtsperson geworden. Die Leute im Dorf sagen: „N'Obe, Frau Pfarrer." Und kein Mensch sagt 'du' zu mir, nennt mich bei meinem Namen. Irgendwo in der Bibel steht:

„Ich habe dich bei deinem Namen gerufen." Hier in Tenniken scheint mein Name von der Bildfläche verschwunden zu sein, als hätte er nie existiert. Die Kinder nennen mich nach Baselbieter Art „Mutti" und Max sagt „Fräuli." Was soll diese Verkleinerungsform? Sie macht mich wirklich klein. Bin ich für meinen Mann eine Art Kind-Frau und für die Gemeinde die sittsame Pfarrfrau nach altem Muster? - Verstehst du mein Unbehagen? - Gestern besuchte mich Maja aus dem Nachbardorf Diegten. Auch sie eine Pfarrersfrau. Sie wollte sehen, wie es mir geht und rief unten im Hausgang laut „Ursula." Ich freute mich, meinen Namen zu hören. Es war direkt ein kleines Ereignis. Wir unterhielten uns dann bei einer Tasse Tee über das 'Du' in der Gemeinde. Auch Maja möchte, mindestens von ihrer Generation, als Maja angesprochen werden. Wir hängen noch sehr in Konventionen drin. Titel könnten wir über Bord werfen. Findest du nicht? Wie nennen dich deine Kindergartenkinder? - Kürzlich kam ich ins Gespräch mit einer alleinstehenden Ziegenbäuerin. Sie trägt Hosen, sieht ein wenig aus wie ein Mann. Ich fragte sie nach ihrem Namen. „Ich bi d'Pauline." - Ich wollte ihr das 'Du' antragen, doch sie bestimmte die Regeln zwischen uns. Nach wie vor nennt sie mich Frau Pfarrer und ich sage ihr auf ihren Wunsch hin Pauline. Sie versorgt ganz allein ihren Bauernbetrieb: Haus, Feld, Garten, fünf Ziegen im Stall, Hühner, drei Katzen. Um Geld zu verdienen, arbeitet sie so und so viele Stunden am Webstuhl. Tenniken war einmal, so erzählt sie mir, ein Posamenterdorf. Das Klappern der Webstühle und dazu das Singen der Kinder sei schön gewesen. Kinderarbeit im Rückblick bereits eine Idylle? - Nun stehen die meisten Maschinen still. Mit ihr wären es nur noch drei Frauen, die am Webstuhl stünden, sagt Pauline. Sie erzählt mir bei jeder Gelegenheit, wie es früher war. Dass sich das Dorf immer mehr unserer Zeit anpasst, macht ihr zu schaffen. Mir übrigens auch. Obschon ich viel jünger bin als Pauline, halte ich an einer idyllischen Ländlichkeit fest, habe sie einfach in mir von der Kindheit her. Ich wünschte mir,

Dörfer würden ihren ursprünglichen Charakter behalten. Dabei wird in diesem Tal bereits eine Autobahn geplant. Müssen wir denn in der ganzen Welt Ware herumkarren? Wenn ich mir das unberührte Land so ansehe, kann ich nur sagen: Heller Wahnsinn!
Max kämpft dagegen, schreibt dagegen. Umsonst natürlich. Sein Vorschlag, die Autobahn auf den Hügeln, über den Dörfern, statt durch sie hindurch zu bauen, stößt bei den Leuten, die das Sagen haben im Tal, auf Widerstand. In Basel, am Tisch meiner Eltern, sagte ein junger Typ zu mir, die Autobahn sei in der heutigen Zeit eine absolute Notwendigkeit. Wir sollten nicht so hinterwäldlerisch tun. Der Anschluss an die große Welt würde den Oberbaselbietern nur gut tun.
Fortschrittsglaube? Städtermentalität? - Wenn ich so etwas höre, überlege ich, was uns denn gut tun wird: Die Lärmquelle, gestörte Natur, verpestete Luft, Mobilität um jeden Preis? - Jedenfalls bin ich stolz, dass Max kein verstaubter Theologie ist, sondern ein Kämpfer, der sich der Autobahnsache annimmt.
Kürzlich hielt er ein Vortrag über „Leben im Atomzeitalter." Er wird bekannt als kritischer Denker. Wird aber auch missverstanden und angegriffen. - Du siehst, nebst dem täglichen Haushaltkram beschäftigen mich solche Dinge. Komm uns einmal besuchen, damit ich dir das alte Pfarrhausgemäuer mit seinen dreizehn Zimmern, dem siebenteiligen Estrich, den Kachelöfen, der Bauernküche, dem Kellergewölbe und dem verträumten Pfarrgarten zeigen kann. Alles Liebe,

                Ursel.

- Eben läutet die Betzeitglocke. Es ist sechs Uhr abends. Die Bauern treiben die Kühe zum Brunnen. So war es doch schon einmal in meinem Leben! Noch eine Frage: Wie geht es Dir mit deinem Freund?

Kinder geben Auskunft

Aufsatz von Julia: Wie mein Vater das Brot verdient.

Als mein Vater jung war, besuchte er das Progymnasium, und nachher das richtige Gymnasium. Mein Vater sagt zu seinem Vater, er wolle Pfarrer, nicht Bauingenieur werden. Der Vater meines Vaters war einverstanden. Dann studierte er. Zehn Pfarrer wollten nach Tenniken kommen und mein Vater wurde gewählt. Jetzt steht er jeden Tag um fünf Uhr dreißig auf und arbeitet. Von Freitag bis Sonntagmorgen arbeitet er an der Predigt und sonst arbeitet er auch viel. Jeden Monat holt er seinen Zahltag bei Herrn Kümmerli.

Stine: Unsere Familie.

Wir wohnen in einem riesengroßen vierhundert Jahre alten Pfarrhaus mit dreizehn Zimmern und sieben Estrichen. Es hat sehr lange Gänge und gibt sehr viel Arbeit, besonders mit fünf Kindern. Fräulein Häfelfinger, ein älteres Fräulein, putzt einmal in der Woche und die Haushaltlehrtochter hilft der Mutter beim Waschen und Kochen. Mein kleiner Bruder wird am 22. März 1960 drei Jahre alt und einen Tag später, am 23. März 1960 wird mein dreizehnter Geburtstag sein. Wir sind zehn Jahre auseinander. Der kleine Georg ist ziemlich dick. Er hat runde Bäcklein und ist nicht besonders hübsch. Aber hat schöne große Augen und einen gutmütigen Ausdruck. Ich kann es gut mit ihm. Als er nämlich auf die Welt kam, war unsere Mutter sehr krank und darum musste ich Georg öfters hüten.
Nach dem Kleinsten kommt Lisette. Die sieht aus wie ein Bub, hat fast keine Haare und die wenigen, die sie besitzt, sind immer ganz kurz geschnitten. Sie besucht den Kindergarten und dort lernt sie mit Begeisterung Verslein und Lieder. Lisette versteht sich eher mit meiner Schwester Julia, die in der dritten Klasse ist. Die zwei spielen oft

miteinander. Julia schlägt ganz aus der Art. Sie ist nämlich dunkel. Alle anderen sind blond oder braun. Nur sie hat sehr dunkles Haar. Sie geht auch gerne zur Schule und hat viel Eifer. Sie gibt es nicht so schnell auf wie ich. Nach ihr kommt Kaspar. Er ist ein Jahr jünger als ich. Er ist das Gegenteil von Julia. Er würde am liebsten Bauer werden, weil er gerne auf dem Land arbeitet, lieber als in der Schule. Der Vater aber will haben, dass er auch in die Realschule gehen muss und dass er die Matura macht und dann noch studiert und alles mögliche. Wenn es auf die Mutter ankäme könnte er schon bauern. Aber eben, da gibt es nichts. Vater will einfach, dass sein Sohn ein gelehrter Bauer sei. Vater war als Knabe sehr pflichtbewusst und arbeitete immer und später studierte er noch und jetzt ist er Pfarrer und Privatdozent und dann will er Professor werden. Ich kann es sehr gut mit ihm. Er hilft mir bei den Aufgaben und auch sonst habe ich ein Stein im Brett bei ihm. Er hat auch sehr viel Humor und ich mache manchmal Boxkämpfe mit ihm. Am Abend gehen wir mit Margrit, unserer Haushalthilfe in die Käserei, und wenn wir zurückkommen singen wir miteinander. Dann waschen wir Kinder das Geschirr. Dadurch bereiten wir Margrit eine Freude. Sie kann dann noch ein wenig bei uns sitzen, bevor sie nach Hause geht zu ihren Eltern.

Julia: Im Blumengarten.

Heute Mittag haben wir keine Schule. Mich zieht es zu den Blumen. Nach der Schule eile ich nach Hause. Als ich in dem Garten bin, beuge ich mich über eine Tulpe. Ich sehe ein Bienchen, das krabbelt am Griffel hinauf. Die Blätter der Tulpe leuchten rot. Hier hat es Vergissmeinnicht. Dort blüht eine Osterglocke. Die läutet den Frühling ein. Die Bienchen summen herum. Es ist fast wie im Paradies. Ich klettere auf den Haselnussbaum. Ich atme den guten Duft ein. Ich steige hinunter. Ich pflücke ein paar Blumen und stelle sie ein.

Die Tiere des Bauern.

Der Stolz des Bauern sind die Tiere. Ohne die Tiere könnte der Bauer gar nicht sein. Zuerst gehen wir in den Stall. Hier die Kuh, die ist sehr wählerisch beim Fressen. Aber die Kuh gibt viel Milch. Und auch Mist macht sie viel. Die Kuh ist ein Säugetier. Ihre Milch ist für das Kälbchen. Das kann man nicht mit Gras und Heu aufziehen. Es braucht Muttermilch. Die Milch der Kuh, die das Kälblein geboren hat, darf nicht in die Käserei abgeliefert werden, denn sie ist gelb. Neben dem Kuhstall ist der Pferdestall. Das Pferd ist ein sehr nützliches Tier. Es hilft auf dem Feld Wagen ziehen und sonst noch viele andere nützliche Dinge. Das Pferd muss geputzt sein. Es will auch gut gefüttert werden.

Tenniker Alltag (Tagebuch)

Zweiter August 1957

Wir haben herrliches Augustwetter. Mein Kleinster, fünf Monate alter Miteidgenosse liegt unter seinem Mückenschleier an der Abendsonne und plaudert vor sich hin. Nach ausgiebigem Schlafen genieße ich die Welt unseres Gartens. Die Totenköpfe sind zum Glück aus meinen Träumen verschwunden. Ich kann wieder ruhig atmen, kann mich erholen von meiner missglückten Hausgeburt. Der Frauenarzt in Basel hatte schon recht: Ich hätte mein Kind im Spital gebären sollen. Eine Steißlage war eine zu heikle Sache für unsere Dorfhebamme. Warum war ich so dickköpfig? Was habe ich damit erreicht? Nichts anderes als sechs Wochen Frauenspital, sechs Wochen Alleinsein, Heimweh haben nach Mann und den Kindern und die große Qual der Ungwissheit: Überlebe ich oder sterbe ich? - Ich habe überlebt, Gott sei es gedankt, und mein kleiner Sohn lebt! Gestern habe ich nach langer Zeit zum ersten Mal wieder getanzt auf der Straße bei Sternenschein und Ländlermusik. Ja, gestern feierten die Tenniker ersten August. Und Otti Buess, Leiter der landwirtschaftlichen Schule in Sissach, hielt die Augustrede. Ich kann ihm gut zuhören, habe großen Respekt vor seiner Einstellung zur Landwirtschaft, zur Natur überhaupt. Kaum ein anderer Bauer dieser Gegend macht sich so viele Gedanken über zukünftige Landwirtschaft. Düngen und Giften kommt immer mehr in Mode. Bei Otti nicht. In seinem Schulbetrieb herrschen andere Gesetze. Er lehrt seine Schüler den biologischen Landbau. Fragt sich nur, welcher zukünftige Bauer diese Linie beibehalten wird. Die Chemie ist eine starke Lobby geworden im Kanton Baselland.

10. Mai 1958

Ich habe die Schönheit des Baselbiets während der gestrigen Frauenvereinsreise 'vo Schönebuech bis Ammel' in vollen Zügen genossen, fühle mich einzig in der Rolle als Präsidentin nicht sehr wohl. Weshalb verursacht der Anblick einer Maienlandschaft Fernweh in mir? Oder ist der Rhein Schuld daran? Unser Chauffeur fährt uns für eine Kaffeepause zum Rheinhafen. Hier möchte ich, lieber als Kaffeetrinken, lange am Ufer sitzen und träumen. Das Dreieckland! - Ein kleines Europa? Franzosen, Deutsche, Schweizer, engmaschiger gesagt: Schwaben, Elsässer und Basler so nahe beieinander. Verschieden von einander und doch irgendwie verwandt miteinander. - „Frau Pfarrer träumet er?" Ja, ich träume tatsächlich. Der Blick rheinabwärts ist für mich ein Blick zurück in meine Straßburger Jungmädchenzeit. Ich sehe mich im hellgrünen Sommerkleid, ein Hütchen auf dem Kopf, an den Füßen weiße Schuhe mit viel zu hohen Absätzen, durch die Gassen der Altstadt trippeln, Hand in Hand mit meinem Freund, unbeschwert und frei. - „Frau Pfarrer, mer sette hei!" - Ich soll nun, weil sie mich zur Präsidentin des Vereins gemacht haben, aufstehen und das Kommando übernehmen?

- Nein, ich tu's einfach nicht - ich lasse der Sache den Lauf. Als Letzte steige ich dann in den Car ein und setze mich neben die Ziegenbäuerin, sie bedrängt mich in keiner Weise. Neben ihr kann ich schwatzen, schweigen oder schlafen. Es macht ihr nichts aus. Ich spüre, dass der eigentliche Platz der Pfarrersfrau außerhalb der dörflichen Gemeinschaft bleibt. Manchen Familien gegenüber gibt es nur eine Haltung: die der Zurückhaltung. Distanz ist gefragt von mir, nicht Freundschaft. Die Luft ist voller Blütenduft. Mein Herz schlägt für dieses Tal, für dieses Dorf, auch wenn etliche seiner Bewohner es mir nicht leicht machen. Es wird mir keine offene, nur verschlüsselte Kritik entgegengebracht. Oft kann ich sie nicht enträtseln und stehe dann wirklich vor Rätseln.

Reise nach Wildhaus, 5. August.

Alles Gepäck ist nun verstaut, das Auto prallvoll. Stine setzt sich ans Autofenster und beginnt zu stricken.
Nein, sagt Max, das darfst du nicht. Es ist einfach zu gefährlich. Ein Stopp und du bist verletzt.
Stine: solange das Auto nicht fährt, stricke ich!
Das Telefon schellt, Max springt zurück ins Haus.
Hab ich's doch gewußt: Wir werden noch lange nicht abfahren. - Stine lässt weiter ihre Nadeln klappern.
Chäspi schaut auf seine Uhr. Es wird bestimmt eine Viertelstunde dauern. Typisch Vater. Immer diese Verzögerungen. So ist das mit Erwachsenen.
Die Kinder schimpfen durcheinander wie die Rohrspatzen. Sobald Max wieder da ist, wollen sie wissen, wer telefoniert hat.
Der Gemeindepräsident Zwygart. Er wollte wissen, wie lange ich fort sein werde von hier. So - und nun fahren wir.

Doch schon in Diegten hält Max das Auto an. Ich weiß genau, was er mich jetzt fragen wird: Hast du die Herdplatten ausgeschaltet?
Ja, habe ich.
Bist du sicher?
Ich bin mir sicher.
Doch Max will es mit eigenen Augen sehen. Er kehrt tatsächlich um.
„Das häsch scho mängmal g'macht", Kommentar der Kinder. Und mein Kommentar: Besser so, als ein unvorsichtiger Vater. - Und dann fahren wir und ich lasse die Fahrtbilder an mir vorüberziehen. Vor uns fährt ein Mercedes. Links der Fahrer, rechts eine Frau mit hochtoupierter blonder Frisur. Die Kinder unterhalten sich mit Max über das schicke Auto. Ich behalte die blonde Frisur im Auge, kann durch sie hindurchsehen und denke dabei an Vrenis Frisur. Vreni, eine Höflerin. Ich mag sie gern. Warum hat sie ihren dicken schönen Zopf abgeschnitten? Ich würde viel darum geben, hätte ich einen solchen Zopf. Die viel zu krause Dauerwelle will nicht recht passen zu Vreni. Neue Häuser, neue Frisuren, städtische Kleider geben der Landbevölkerung ein neues Image.
Aus dem Zug, der eben an uns vorbeifährt, winkt ein junges lachendes Mädchen. Seltsam: Dieses fremde Gesicht begleitet mich lange.
Am Zürichsee suchen wir einen Parkplatz, steigen aus und bestellen in einer überfüllten Gartenwirtschaft etwas zu essen. Die Kinder wünschen sich Pommes Frites mit Ketchup und zum Dessert ein Eis. Max isst nach Schweizer Art Pommes Frites mit Schnitzel. Mir werden zwei Forellen blau serviert, obschon ich nur eine bestellt habe. Ein freundlicher österreichischer Kellner präpariert sie mir aufs beste.
Max erschrickt über die Rechnung. Sie verdirbt ihm gottseidank die Ferienlaune nicht.
Frisch gestärkt fahren wir weiter. Langsam wird die Landschaft bergiger. In der Gegend von Wattwil stellt Max immer dieselbe Frage an seine Kinder: Wie heißen

die sieben Churfirsten und prompt tönt es zurück: Selun - Frümsel - Brisi - Zuestollen - Schibenstoll - Hinterrugg Chäserrugg - Gamserrugg.
Warum lieben wir Schweizer dich eigentlich, du hohes graues, klotziges, den Horizont einengendes Gestein? Meine Familie will es erobern, will es besteigen. Kaum haben die Kinder sich im Ferienhaus eingenistet, planen sie mit Max eine Säntistour.
Als ich ein Kind war, wurde ich morgens um vier von meinem Vater geweckt. Noch spüre ich im Nachhinein, die morgendliche Kälte beim Verlassen des Hauses. Die Säntistour musste stattfinden. Sie war für meinen Vater höchstes Ferienvergnügen und er wollte es mit uns teilen. Ich ging mit, klar, sonst wäre ich in seinen Augen keine rechte Schweizerin gewesen.

6. August 1959 in Wildhaus

Es regnet in Strömen. Altbekanntes Wildhauser Wetter! Max schläft in den Morgen hinein. Die gestrige Säntistour hat ihn angestrengt. Ich habe sie nicht mitgemacht. Heute werden wir seine Eltern in Rorschach besuchen, dem Regentag einen Sinn geben. Auf der Reise dorthin fällt mir auf, wie rasend schnell die Ortschaften im Wachsen sind, wie sie sich immer ähnlicher sehen mit ihren Garagen, Fabriken, Hochhäusern, Banken, Migros- und Coop-Centren. Meist hässliche Bauten. Warum eigentlich? Unbarmherzig werden auch harmonische Appenzeller und Toggenburger Dörfer vom Verkehr durchrast und beherrscht. Stille und Abgeschiedenheit bekommen Seltenheitswert.
Ich möchte Bruggen sehen, eine Station meiner Jugendzeit. Das Dorf ist kaum wieder zu erkennen. Verstädtert! Und doch keine Stadt. - Nur das Pfarrhaus steht unverändert da hinter der Kastanienallee. Ich steige aus und

schaue es mir an. Es weckt Erinnerungen, ist aber keine Heimat mehr.
In diesem Haus habe ich eure Mutter kennen gelernt, sagt Max.
Wie bitte? - In diesem Haus warst du in meine Schwester verliebt.
Nun stellen die Kinder Fragen, wollen genau wissen, wie es war zwischen uns. „Sind er Schätz gsi?"
Nein, das waren wir zur Bruggener Zeit noch lange nicht.
Wie wir in Rorschach ankommen, scheint nicht nur die Sonne, es steht auch ein herrliches Mittagessen für uns auf dem Tisch. Hackbraten mit Kartoffelbrei. Eines meiner Lieblingsessen. In der Küche eine Riesenschlacht. Meine Schwiegermutter ist, im Gegensatz zu mir, keine pingelige Köchin. Ich bin dauernd am Aufräumen während des Kochens. Sie nicht. Sie gibt sich voll ihrer Arbeit hin, ganz egal, wieviele Küchengeräte, Töpfe, Besteck und Geschirr sie dazu braucht und wieviel körperliche Anstrengung es sie kostet. Es spritzt und zischt und dampft in ihrer Küche. Sie mutet sich viel zu, hat nicht, wie andere Frauen ihres Standes, eine Haushalthilfe an ihrer Seite. Weiß ihr Mann und wissen ihre Söhne, was es heißt, ein tiptoppes Essen schön angerichtet auf den Tisch zu bringen?
Ich fühle mich nach dem Essen jedesmal verpflichtet, den Abwasch zu übernehmen und die Küche aufzuräumen.
Ehemann und Söhne müssen so etwas nie tun, weder bei Geigers noch bei Kutters. Komisch. Meine Brüder lassen sich von A-Z von Frauen bedienen und finden es völlig normal. Das muss sich ändern, denke ich. Meine Söhne sollen nicht diese Pascharolle spielen. In Cecil's Wohngemeinschaft sind alle am Haushalt beteiligt. Vehement vertrete ich auf der Rückfahrt nach Wildhaus diese Meinung. Ich streite mich mit Max, bis er ausruft: Hör endlich auf damit! Meine Mutter fühlt sich wohl in ihrer Rolle. Sie hat mir, als ich noch Student war, in den Semesterferien nachts um 10, bevor ich zu Bett ging, selbstgemachte,

wunderbare heiße Suppe in mein Zimmer gebracht. So hingebend war sie!
Ja, ich weiß: Hingabe ist die Tugend aller Frauen!
Max will sich nicht länger mit meinen Emanzengedanken herumschlagen. Er stimmt ein Lied an. Ich singe nicht mit. Hinten im Auto schlafen die Kinder, alle auf einem Knäuel aneinandergekuschelt. Max singt allein. Nach der ersten Strophe sagt er: Meine Mutter, merkst du's eigentlich nicht, könnte verzichten auf deine Hilfe in der Küche. Sie sieht darin eher einen versteckten Vorwurf. Dein Sauberkeitssplin heißt für sie: Die Schwiegertochter will der Schwiegermutter zeigen, wie eine geputzte Küche auszusehen hat.
Ich hole tief Atem, möchte schreien vor Entrüstung, dass mein Partner mich nicht zu kennen scheint. So mach ich's doch immer, sage ich: Es entspricht meinem eigenen Bedürfnis und so habe ich's gelernt. Ich wollte deiner Mutter Arbeit abnehmen, das ist alles. Sie sah erschöpft aus nach dem Kochen. Hast du mich denn kein bisschen verteidigt bei ihr? - Zu meinem Erstaunen sagt Max: Stimmt schon, wir Rorschacher-Männer lassen uns ganz schön bedienen von Mutter Emma. Aber in unserem Ferienhaushalt, bin ich da auch ein Pascha?
Nein, ganz und gar nicht. Du bist prima. Ich arbeite gern mit dir. Ich wünschte, es wäre immer so.
Zukünftige Generationen werden Lösungen finden müssen für eine gerechtere Arbeitsverteilung, meint Max. Seine Theorien stimmen. Und die Praxis? Ich weiß natürlich, dass er nie ein Hausmann werden wird, bin aber froh, dass langsam, ganz langsam ein Umdenken stattfindet in der Männerwelt.
Unser Streit ist zu Ende, unser Tag auch. Schlaftrunken torkeln die Kinder über die Wiese dem Haus zu, legen sich in ihre Betten und schlafen weiter. Auf dem Küchentisch liegen ein paar Briefe und die Zeitung. Heinz war da, der Postbote. Unter Maxens Briefen gibt es einen Brief an mich. Ich öffne ihn und lese ihn.

Brief von Cecil

Liebe Ursel,

in deinem letzten Brief stellst du mir am Schluss die Frage, wie es mir mit meinem Freund ginge. Darauf kann ich nur sagen - und ich sage es natürlich gern: Unverschämt gut: Stell dir vor, wir haben geheiratet. Blitzschnell haben wir uns dazu entschlossen. Ohne lange Vorbereitung. Den ganzen bürgerlichen konventionellen Verlobungs-Schnick-Schnack ließen wir weg. Ich habe nicht wie du und die meisten Bräute unserer Zeit Verlobungskarten und einen Wunschzettel verschickt, Verlobungsbesuche gemacht, Möbel angeschafft, Wäsche, Geschirr, Besteck und dergleichen mehr. Wir haben uns mit nichts belastet, nur unserer Vorfreude gelebt. Es hat sich gelohnt, so viel Zeit füreinander zu haben. - Elisabeth und Hilde wollen uns nicht weghaben aus der WG. Im Gegenteil, sie finden es schön, dass wir bleiben, bis sich neue Lösungen zeigen. Berni hat eine Stelle als Primarlehrer in der Stadt und ich bin gut versorgt in meinem Kindergarten Zürich-Höngg. Res und Elisabeth werden auch bald heiraten. - Am liebsten würden wir alle zusammen ein altes Haus bewohnen. Von einem Garten träumen wir auch. Dann könnten wir pflanzen und ernten nach Herzenslust - es wäre himmlisch! Was Leben und Lieben heißt und was eine Partnerschaft sein kann, weiß ich erst jetzt. Ich hatte ein unverschämtes Glück, Berni zu begegnen. Stell dir vor, die Waisenhauseltern haben unsere Hochzeit finanziert, unsere Hochzeit im Wald mit ein paar Gästen und 25 Waisenhauskindern. Am frühen Nachmittag ließen wir uns kirchlich trauen. Die Glocken läuteten, wie es mir damals die Handleserin prophezeit hatte, und abends kam der junge Pfarrer mit uns in den Wald. An seiner Seite eine schöne Frau, in die er sehr verliebt war. Res spielte zum Tanz auf. Die Kinder tanzten mit. Sie flippten fast aus vor Übermut. Im hellen Mondschein sangen sie uns drei Liebeslieder. Andächtigst hörten die Waisenhauseltern zu. Schön, dass sie ihre Kinder so gern haben. Am Tag nach der Hochzeit schrieb ich ein Gedicht. Es holpert ein wenig. Ich schicke es dir trotzdem und grüße dich herzlich,

Cecil.

Hochzeit im Freien:
Du, der Himmel und ich.
Die Sterne.
Kinder
in unserer Mitte
und tausend Schritte
tanzender Frauen.

Dunkel die Auen.
Kerbellichter,
frohe Gesichter.
Trauben im Becher,
fröhliche Zecher.
Wein
im funkelnden Kerzenschein.

Und über allem
fetzende Töne.
Klänge, Gesänge
für den Wald?
Für die Bäume....
Hochzeitsträume?

P.S. Du erzählst nie etwas von deinen Schwestern, wie geht es ihnen eigentlich? Ich hätte auch so gerne eine Schwester.

Die Flüchtlingsmutter

Max erfüllt nicht nur seine Amtspflichten. Er hat auch das Bedürfnis, teilzuhaben an der Dorfkultur, selber etwas beizutragen und mit den Tennikern das zu teilen, was ihm Freude macht: Musik, Literatur, Geschichten, Vorträge, Lichtbilder.

Schon im ersten Winter hängt sein selbstgeschriebenes Plakat: 'Tenniker Gemeindeabend im Schulhaus' - an der Ladentüre. - Die Leute kommen. Der Saal wird voll. Ich sehe Max dastehen mit leuchtenden Augen. Nach einer kurzen Begrüßung setzt er sich ans Klavier, fordert die Leute auf zum Singen, begleitet Lied um Lied, bis er den Klavierdeckel schließt, sich umdreht auf dem Klavierstuhl und sagt, er hätte noch eine Geschichte vorbereitet: Luise Rinsers Geschichte 'Jan Lobel aus Warschau'. Ob man sie hören wolle? - Ja, man wollte sie hören.

In meiner Erinnerung war es mäuschenstill im Saal, während Max mit großer Genauigkeit nacherzählte, was die Dichterin geschrieben hatte. - An jenem Abend war ich mit all meinen Kindern und den mir noch unbekannten Dorfbewohnern sehr glücklich. Mir war richtig warm ums Herz. Geschichten sind heilsam. Doch die Welt ist kälter geworden. Wer erzählt noch Geschichten? Heute hockt jeder allein vor seinem Fernseher.

Eine gottbegnadete Erzählerin ist auch die Flüchtlingsmutter Gertrud Kurz. Max kennt sie und lädt sie zu einem späteren Gemeindeabend ein. - Sie schöpft aus dem Vollen, denn sie hat viel erlebt, hat ungezählte Flüchtlingsschicksale kennen gelernt.

Einmal mehr sitzen wir dicht gedrängt im kleinen Saal und die jung gebliebene alte Frau vorne am Pult erzählt aus ihrer Friedensarbeit. Als einzige Frau in der Schweiz hatte sie zur Nazizeit den Mut, dem gefürchteten Polizeichef Heinrich Rothmund gegenüber zu treten, ihm zu sagen, er ginge mit Flüchtlingen um wie mit Ware. Und sie stellte ihm die Frage, warum er, zusammen mit dem Bundesrat, den 'J-Stempel' eingeführt hätte. - Unbekümmert, heiter, als wäre es nichts Besonderes, erzählt sie uns, dass sie im August 1942 dem damaligen Bundesrat von Steiger in die Ferien nachgereist sei, seine Ferienruhe etwas gestört und ihn gebeten hätte, die fremdenpolizeilichen Maßnahmen zu lockern. Er hätte es auf ihren Wunsch hin getan und somit Hunderten von Menschen das Leben gerettet.

Während Gertrud Kurz erzählt, denke ich: Was könnten wir Frauen doch bewirken, wenn wir nur wollten! Warum trauen wir uns so wenig zu? Warum greifen wir nicht ein in die Politik der Männer, wie Getrud Kurz es immer wieder tut - mit der größten Selbstverständlichkeit! - Wir bewegen uns nur in eigenen kleinen Kreisen, im eigenen kleinen Dorf. Auch als Frauenverein müssten wir uns Aufgaben stellen, die über das Dorf hinausgehen.

Gertrud Kurz vermittelt mir ein Gefühl von Weite und weil ich so sehr aus meiner eigenen Enge heraus möchte, schlage ich schon bald nach diesem Abend dem Frauenverein vor, wir könnten uns einsetzen für eine Berggemeinde, könnten zum Beispiel eine Säuglingsaussteuer samt Wiege stiften. - Mein Vorschlag wird angenommen und ausgeführt. Wir sitzen zusammen an Winterabenden, stricken und nähen, bis die Wiege ausstaffiert ist mit den allerschönsten Sachen.

Um auf Gertrud Kurz zurückzukommen: Sie versorgt jüdische Flüchtlinge nicht nur mit dem Nötigsten, nämlich mit Nahrung, Kleidung, Unterkunft, - sie feiert auch Feste, sogar Weihnachten mit ihnen und lernt dadurch jüdische Bräuche, Rituale und Lieder kennen. Der Fremde im Land fühlt sich angenommen bei ihr. Er kann sich so zeigen, wie er ist. Sie drückt niemandem den christlichen Stempel auf. - Gertrud Kurz hat einen langen Atem. Sie ist der Schweiz ein Stück weit voraus mit ihrem globalen Denken. Fremdenhass, Berührungsängste, Klassenunterschiede kennt sie nicht. Jedem Menschen, sei er Bundesrat, sei er Landstreicher, begegnet sie mit Respekt. Die Brüder der Landstraße hat sie besonders gern. „Es sind

meine Freunde", sagt sie. „Immer wieder kehren sie auf ihrer Wanderschaft bei mir ein. Ich verpflege sie und sie erzählen mir ihre Abenteuergeschichten. Erfundene und Wahre!" -
Etwas von dieser Abenteuerlust steckt wohl in Vielen von uns. Hat nicht auch Pauline, die Ziegenbäuerin, Abenteuerblut in sich? Ich muss viel über diese alleinstehende Frau nachdenken, die so gerne Lehrerin geworden wäre, dann aber den Bauernbetrieb des Vaters und den Webstuhl ihrer Mutter übernehmen musste. In ihrer Jugend, so berichtet sie mir voller Wehmut, hätte sie leidenschaftlich gern Theater gespielt. Und nun sei alles vorbei - unwiderruflich! Ich sehe Pauline in Gedanken hier im Saal auf der winzigen Bretterbühne in der Rolle eines Landstreichers, denn sie hat männliche Züge, trägt Hosen, arbeitet wie ein Mann. Auf ihrem 'Schwyzerörgeli' spielt sie Volkslieder. Ein Volksstück würde zu ihr passen. Wenige Tage nach diesem Mutter Kurz-Abend rede ich mit Pauline übers Theaterspielen. Sie sträubt sich zuerst, sagt, sie könne das nicht mehr, ihr Gedächtnis lasse ja auch nach. „Ach Pauline, wagen sie es doch. Ich werde jeden Abend mit ihnen proben!"
Sie wagt es tatsächlich und freut sich über die Abwechslung.
Ich schreibe mein erstes zeitkritisches Kindertheaterstück. Pauline übernimmt die Rolle des Landstreichers 'Albert' und die Dorfkinder, zu denen auch meine Kinder gehören, singen und tanzen zu den Handorgelklängen. Jedes Jahr schreibe ich ein neues Stück, mit dem wir dann ausschwärmen in die verschiedensten Ortschaften. Pauline quält sich nicht mehr allein auf der warmen Kunst durch lange Winterabende hindurch. Sie ist nun eine voll beschäftigte Laiendarstellerin. Wir sind gefragt und bekannt im Baselbiet.
Auf jeden Fall hat Gertrud Kurz bei mir Aktivitäten ausgelöst, die mein Leben bereichern.

Brief an Cecil

Hallo, liebe Freundin,

Waldhochzeit: Tolle Idee! - Sie muss schön gewesen sein, eure Hochzeit, so wie du sie beschreibst. Danke für dein Gedicht. Es sagt alles aus, was du empfunden hast in jener Waldnacht. - Ich habe kürzlich erfahren müssen, wie zerbrechlich Leben sein kann. Mein Bruder Gregor wäre beinahe verunglückt, wenn er sich, ja wenn er sich nicht selber gerettet hätte. Er fuhr von Basel nach Frankfurt und der Zug entgleiste. Die Passagiere in den vorderen Wagen seien tot, sagte meine Mutter am Telefon. Gregor hätte in der halben Fahrtzeit seinen Platz gewechselt, sei von einem vorderen in einen hinteren Wagen umgestiegen. Ich weiß, dass Mutter Angst hat, ihrem Sohn könnte passieren, was ihrem Bruder Gregor passiert ist, nämlich ein zweiter, ein tödlicher Unfall. Am Tag danach besuchte ich meine Eltern in Basel. Sie haben sich in der Altstadt, nahe beim Münsterplatz ein Haus gekauft. Der Abschied vom Pfarrhaus im Gundeldingerquartier fiel ihnen nicht schwer. Ob sich Mutter von ihrem Rosengarten so ohne weiteres trennen konnte, weiß ich nicht. Sie bepflanzt wieder einen Hof, den Innenhof, der zu ihrem Haus an der Augustinergasse gehört. Ich traf beide, Vater und Mutter im Höfli an. Vater mit Holz beschäftigt. Das ist ja wie in Begginger Zeiten, sagte ich zu ihm. Wirst Du im Winter das ganze hohe Basler Haus mit Holz heizen müssen? Ja, meinte er stolz, das mache ich, das kann ich auch. Ich hätte gerne zu ihm gesagt, Vater, die Holztage gehörten zu den besten Tagen meiner Begginger Kindheit. Da hab ich dich nämlich nicht als Erzieher, nicht als Pfarrer in Amt und Würde, sondern als Mitarbeiter, als einen Kollegen erlebt. An Holztagen war es egal, ob wir Kinder bitte und dankeschön sagten, die Ellbogen aufstützten zum Essen. Im Gegenteil: Wir durften sie aufstützen, wir durften schmatzen und schlürfen. Alles durften wir, denn wir wa-

ren alle zusammen hungrig, durstig, müde und zufrieden nach getaner Arbeit. - Cecil, so etwas kann ich leider nie mit meinen Eltern bereden, und ich bin mir bewusst, dass es meinen Kindern ähnlich geht. Manchmal mache ich auch einen Höllenlärm um nichts und wieder nichts, wenn sie zum Beispiel direkt aus der Flasche trinken statt aus dem Glas, wenn sie mit schmierigen Händen vom Tisch laufen, abends ihre Kleider nicht ordentlich hinlegen, die Schuhe nicht putzen, Spielsachen liegen lassen. Höre ich dann meine eigene keifende Stimme, komme ich mir lächerlich und dumm vor und schäme mich. Einmal, als ich unter der Pfarrhaustüre am Schimpfen war, kam eine alte Hausiererin. Sie sah mich an, schüttelte ein wenig den Kopf. Seien sie nicht so streng, Frau Pfarrer. Kinderspuren haben Seltenheitswert! Bei mir ist es nun still, aufgeräumt und sauber. Ich hätte gerne wieder klebrige Türfallen, Brosamen unter dem Tisch, Fußabdrücke auf dem Boden. - Sie hatte vollkommen recht, die Hausiererin. So etwas würdest du Cecil auch sagen. Du bist eine großzügige Kindergärtnerin, das weiß ich.
Herzlich grüßt dich

Ursel.

P.S. Beim Durchlesen dieses Briefes realisiere ich, dass ich deine Frage, wie es meinen Schwestern ginge, nicht beantwortet habe. Ich glaube, meine Schwester Vroni in Amerika hat oft Heimweh. Eines Tages werde ich sie besuchen, damit ich eine Ahnung bekomme von ihrem Leben in den USA.
- Mädi sitzt im Glarnerland, genau gesagt in Schwanden fest, hat die Stube voller Kinder, (drei Söhne und zwei Töchter) und den Glärnisch im Rücken. Kürzlich hat sie sich am Telefon über ihr Schattendasein beklagt, daran seien die Berge schuld. Sie würden ihr die Sonne stehlen und sie und ihre Kinder und ihre Pflanzen, wären doch so sonnenhungrig.

Emmas Tod

Meine Schwiegermutter liegt im Sterben. Um sein Leben kämpfen und es aufgeben müssen. Ich ahne, wie es Emma, meiner Schwiegermutter zumute ist. Bei der Geburt meines fünften Kindes habe ich auch um mein Leben gekämpft. Ich habe den Kampf durchstehen können, weil ich jung war und unbedingt leben wollte für den Kleinsten und für alle meine Kinder. Selbstverständliches wie Essen, Trinken, Sprechen, kann Emma kaum mehr. Es ist alles eine Riesenanstrengung für sie. Max und ich essen in einem Rorschacher Coop-Restaurant. Wie gebannt schaue ich einem jungen Arbeiter im weiß-blau karierten Hemd zu, wie er kurz und kräftig kaut: Bohnen, Wurst, Speck. Wie er trinkt. Den Kopf etwas ins Genick gedrückt, leert er seine Flasche. Hinter ihm, eine Ecke des Raums füllend, ein großer Christbaum und ein Klavier. So leben wir in Gegensätzlichkeit und unsere Sinne müssen alles wahrnehmen: Das Vergehende, das Kommende, das Starke, das Schwache. Gestern, als ich den Adventskranz in Emmas Wohnzimmer sah, erschrak ich. Erster Advent und schon ein Totenkranz? Die Gegenstände sind bezugslos geworden. Sie haben sich verselbständigt. Sie erstarren in sich wie Blattpflanzen. Emma hat so sehr mit Gegenständen und zum Teil für sie gelebt, dass die Gegenstände ohne sie nicht sein können. Sie kannte die Geschichten ihrer Möbel, konnte den Bezug zu den Leuten herstellen, denen sie ihre prächtigen Schränke abgekauft hatte. Ich tat ihr bestimmt Unrecht, wenn ich mich nicht einließ in Gespräche über Möbel und Gegenstände. Emma wollte immer gerecht sein. Sie war mit dem Geld sehr genau. Sie schrieb alles auf und verteilte gleichmäßig. Keiner der beiden Söhne, weder Max noch Kurt sind zu kurz gekommen. Emma liebte Luxus, gönnte ihn sich aber nur in gewissen Grenzen. Vielleicht hätte sie die Grenzen einmal durchbrechen mögen.
Ganz nahe am Sterben spielte sich im Spitalzimmer noch Leben ab. Die Sonne schien. Eine Nebelschwade zog über

die Landschaft hin. Ein Hauch von Frühling und Schneeschmelze lag in der Luft. Das offene Haar eines Schulmädchens glänzte im Sonnenschein. Und eine Flut von Licht drang ins Krankenzimmer. Die Schwester fragte: „Frau Geiger, wie goht's?" - Was hatte das alles mit Tod zu tun? - Den Tod spürte ich in Emmas Wohnung. In ihr konnte ich nicht essen, kaum atmen. Emmas Kleider waren plötzlich so fremd. Würden die Blumen nun sterben, Äpfel und Blumen faulen, Mandarinen eintrocknen, Nüsse den Geschmack verlieren? - Emmas Platz auf dem Friedhof. Sie hat ihn sich zu Lebzeiten ausgesucht und immer wieder, manchmal auch mit mir, aufgesucht. Emma hat ihr Leben geplant, hat es nicht dem Zufall überlassen.
Ich stehe abends nach dem Spitalbesuch, lange draußen auf der Terrasse. Hier hat sie bei schönem Wetter stundenlang Gobelin gestickt. Nun höre ich mit meinen Ohren ihre Geräusche: Die Glockenschläge der katholischen, die Glockenschläge der protestantischen Kirche. Dumpf und schwer dröhnen sie in die Dunkelheit, schlagen ineinander, schlagen einen nächtlichen Kanon. Ob Emma die Schläge jeweils gezählt hat, wenn sie wach im Bett lag, allein in ihrer Kammer? Allein mit dem leerstehenden Bett ihres Mannes? Allein mit allen Gedanken an ihr verflossenes Leben?
Max weint. Er legt den Kopf in seine Arme auf dem Schreibtisch seines Vaters. Er weint um seine Mutter. Am nächsten Morgen geht er allein zu ihr und begleitet sie in den Tod.

Tenniker Bilder:

Tagebuch, 5. Juni 1958

Das Pfarrhaus ist groß, droht manchmal alle meine Kräfte zu verschlingen. Draußen im Garten und auf dem Feld bin ich ein anderer Mensch: Gelöst, glücklich, besonders, wenn die Kinder bei mir sind. Uferlos die Früchte, die auf mich warten, auf die ich mich aber den ganzen Winter über gefreut habe. Jetzt sind wir am Beerenlesen. Kaspar hilft mir. Sein dichtes blondes Haar leuchtet in der Sonne. Sie hat schon viel Kraft. Es ist heiß wie im Juli. Ich stehe, wie so viele andere Frauen, stundenlang in der Küche, koche Konfitüre, fülle Beeren heiß ein in grüne Gläser. Das haben schon Mütter und Großmütter getan.

10. Juni 1958

Wir sind bei Freunden eingeladen. Gastliche, freundliche Leute. Das Essen ist wunderbar. Das Gespräch beim schwarzen Kaffee zum Davonlaufen. Leben wir eigentlich hinter dem Mond im Baselland? Von den vier Männern kann ich nur Max als Zeitgenossen ernst nehmen. Die anderen beiden lehnen das Frauenstimmrecht noch heute total ab! Und den Lehrerinnenstreik finden sie skandalös. Umso mehr schwärmen sie vom Militärdienst. Auf der Heimfahrt im Auto sage ich zu Max: Gut, dass es dich gibt.

13. Juli 1958, Julias Geburtstag.

Julia fährt Rollschuh. Sie ist heute morgen strahlend erwacht. Das Gefühl 'dies ist mein Tag' muss für jedes Kind ein beglückendes Gefühl sein. Viele Erwachsene nehmen ihren Geburtstag bis ins hohe Alter sehr wichtig.

4. August 1958.

Im Pfarrfrauenkränzchen werde ich heftig angegriffen, weil ich 'Frauen im Laufgitter' (Iris von Rothen) lese und gut finde. Es geht in diesem Buch um Frauenemanzipation. Weiß Gott ein Thema, um das wir uns heute kümmern müssen. Ich möchte mit meinen Kolleginnen nochmals über den Lehrerinnenstreik in Basel reden, bei dem es um die Rechte der Frau geht. Großes Schweigen, wie bei den Männern im Freundeskreis. Ich muss mir eine eigene Meinung bilden. Diese Kränzchen in den verschiedenen Landpfarrhäusern gleichen sich wie ein Ei dem anderen. Die Themen wechseln von Kinder und Katzenerziehung über Menues zu den Büchern. Und warum darf 'Frauen im Laufgitter' kein gutes Buch sein? Es ist gut! Ich würde gerne mit den Pfarrersfrauen darüber reden, aber es geht nicht. Hab ich mir jetzt schon zu viel Freiheit genommen?

Ein blauer Tag

In den blauen Septemberhimmel hänge ich blaue Leintücher und vor den flatternden Tüchern steht senkrecht ein Sonnenblumenbaum, umschwärmt von Bienen. Mitten im Weg macht sich ein Unkraut breit. Im Weg daneben, frischerblühte Herbstastern, im Frühjahr gepflanzt. Das Unkraut soll, einfach weil es Unkraut ist, ausgerissen werden und die Herbstaster darf blühen? Über den Blumen ein Schmetterling. Für morgen schon Schnee angesagt. Schnee bis in die Niederungen. Wo wird der Schmetterling sterben? Tief atme ich die kühle Herbstluft ein. Dort steht mein kleiner Junge, Sonne im Haar.

September 1959

Die Wärme der Dorfgemeinschaft lässt sich nicht mit Worten ausdrücken. Schön war der festliche Abend. Tanz unter freiem Himmel. Mond und Sterne beschienen das Dorf. Es liegt abends, wenn alle Motoren schweigen, noch immer ein großer Friede über unserem Tal. Den Mond begrüßen wir noch immer als unseren alten Freund, trotz der russischen Rakete, die er nun besitzt.

9. Januar 1959

Morgenröte, dann Schneeflocken und heute Schnee. Der erste Schnee in diesem Winter. Julia hat gestern abend von ihrem Bett aus fünfzig Küsse hinausgeschickt in das Flockengewimmel. Kaspar hat seine Skis aus dem Estrich geholt und neben sein Bett gestellt. Voller Spannung fiebern meine Kinder dem ersten Schnee entgegen. Der weiße Zauberer, dem immer die Fanfaren des Windes vorausgehen, deckt Garten, Wald, Wiesen Hügel, Felder zu. Stine hat Angst, sie könnte krank werden, den Schnee verpassen. „Ich pflege mich gesund", sagt sie. Sie isst Honigschnitten, Knoblauch hinterher, Vicks ins Nasenloch und einen Halswickel um den Hals.

6. Mai 1959

Wenn Frühling und Sommer ineinanderfließen, sind Himmel und Erde von unaussprechlicher Zartheit. Die Tenniker Musikanten haben den Tag um sechs Uhr morgens eingeweiht mit dem Blasen von Chorälen und abends spielten sie zum Tanz auf. Könnte es im Paradies so sein: Alle Menschen, Eltern, Kinder, Groß und Klein beisammen im Wald unter hellgrünen Birkenblättern? Fuchs und Reh und Hase mit dabei? Und ich würde mit Dr. Brändli, der unserem Dorf einen Kindergarten stiften will, auf dem weichen Waldboden tanzen? - 'Es wird ein Vogel singen von Glück, Glückseligkeit'. Am Abend dieses Tages kann Max einem einsamen Knecht Arbeit verschaffen auf einem Tenniker-Hof. - So sieht die Wirklichkeit aus.

22. September 1959

Die Katze streckt sich, wälzt sich in der Herbstsonne. Ihr Fell glänzt. Vom Baum leuchten die roten Äpfel. Ich kraxle auf die Leiter, hole mir die herunter, die ich erreichen kann. Abendsonne vergoldet das Pfarrland. Ich liebe den Herbst. Am Morgen, wenn ich aufwache, dampft die Erde.

Oktober 1959

Die eigenartige Schönheit des Herbstes, dieses langsame zur Ruhe gehen der Natur.

12. November 1959

Max hat mir Rosen gebracht. Feldrosen. Sie blühen noch. Aber manchmal hätte ich lieber ihn statt Rosen, ihn, den Kameraden, den Liebhaber, den Begleiter. Dann müsste ich nicht von fremden Männern träumen. Meine Schwester in Amerika hat mir einen Heimwehbrief geschrieben. Die Ehe kann uns wohl Heimat und Ursprungsfamilie, da wo unsere Wurzeln sind, nicht ersetzen. Und trotzdem muss Neuland etwas ungeheuer Faszinierendes sein. Ich hocke immer hier im kleinen Nest. Ob mir das gut tut?

Winter 1960

Georg erklärt am Sonntagmorgen den Kinderlehrbuben vor dem Pfarrhaus: „s'Mami goht hüt nid i d'Chile, s'isch ere verleidet." - Er ahnt nicht, dass ich jeden Sonntagmorgen seinem Vater mit gespannter Aufmerksamkeit zuhöre und ihn echt gut finde. Ich habe Feuer gemacht im weißen Kachelofen. Noch steht die Ofentüre offen. Das Flackern des Feuers zeichnet sich geheimnisvoll ab im Flur. Feuergeister! Ich möchte ein Kind sein, mich vor die Ofentüre kauern, um ganz dieser Morgendämmerung zu gehören. Draußen knirscht der Schnee. Die Welt ist weiß. Bald wird sich die Ofenwärme in den Pfarrhausräumen ausbreiten, 'hooo' rufen draußen die Kinder auf ihren Schlitten.

16. März 1961

Der Abendstern schaut zum Fenster herein. Ich habe ihn eben den Kindern gezeigt. Noch ist der Himmel hell. Wie ein Diamant glitzert in voller Pracht der Stern. Der Abend mit seinen stets wiederkehrenden und doch sich stets wandelnden Geheimnissen bricht über das Tal herein, es umhüllend, beschützend, es bergend in dunkler Ruh.

20. März 1961

Ein Japaner und ein Afrikaner sind bei uns zu Besuch, sitzen mit uns am Schiefertisch. Ein Strauß holländischer Tulpen in der Mitte des Tisches. Abwechslungsweise singen die beiden Männer Melodien aus ihren Ländern. Dazwischen wir mit Küherjodeln und Lumpenliedern. Kaspar begleitet sie auf dem „Mulgigeli." Er macht es gut und freut sich darüber. Völkerfriede in Schweizerwänden? Ein Stück von dem, wovon Aimé Duval singt: 'le ciel est juste au coin de la rue'! Er ist bei uns im Alltag.

24. März 1961

Meine Schwester Vroni aus Amerika ist bei uns zu Besuch. Ich fahre mit ihr nach Sissach und zeige ihr die noch unfertigen Sissacher Blockwohnungen, in die wir einziehen werden. Max wird demnächst in Basel seine Stelle als Theologieprofessor antreten. „Hier lässt sich gut wohnen", sagt meine Schwester und schaut zu einem der Fenster hinaus. „Gefällt sie dir nicht, deine neue Umgebung, diese Aussicht, das viele Grün und dort unten der Bach? Warum klammerst du dich so sehr an dein Dorf? Sei doch froh, dass du einen Neuanfang machen kannst.

Juli 1961

Bin in Wildhaus mit den Kindern und Margrit, meiner Haushalthilfe. Gottseidank ist sie hier, denn Max, kaum angekommen, fährt zurück nach Tenniken. Köbi Sutter ist tödlich verunglückt. Der Pfarrer und die Dorfbevölkerung lassen die Trauerfamilie nicht im Stich. Viele Tenniker werden um Köbi weinen. Er starb unerwartet und jung. - Wildhaus war für mich einst der Ort spannender Ereignisse. Hier habe ich glückliche Stunden erlebt mit meinem Freund. Hier lernten meine Schwestern ihre zukünftigen Männer kennen. Die Tradition des sich Kennenlernens setzt sich nun fort. Margrit ist daran, sich einen Schatz zu erobern. Sie springt jeden Tag hinunter ins Dorf, kauft in der Konditorei Alpiger einen kleinen runden Biber und legt ihn dem Postboten Heinz um vier Uhr nachmittags neben die Kaffeetasse. Sie brüht frischen Kaffee an, wenn Heinz kommt, zieht einen Hocker unter dem Tisch hervor, setzt sich zu ihm, raucht genüsslich eine Zigarette und plaudert ausgiebig mit ihm. Ich höre von weither ihr helles Lachen. Wette: Aus den Beiden wird ein Liebespaar! - Was bedeutet denn Wildhaus heute für mich? - Es ist einfach die Hütte, die uns zusammenhält und draußen sind es die saftiggrünen Bergwiesen, Wind und Wolken, die mich beglücken, die mir Hunger machen.

25. August 1961

Wieder zu Hause. Kaspar hat Geburtstag. Ich backe einen Kuchen für ihn. Wir bekränzen seinen Platz mit Blumen, zünden Kerzen an und singen ihm ein Geburtstagslied. Das Militärmesser findet er gut. Es sei ein richtiges Bubengeschenk. Alle Buben seiner Klasse hätten ein Messer. Abends ist Besuch da. Es ist eine lauwarme Nacht. Wir stehen draußen im Garten und suchen den Himmel ab nach dem fahrenden Stern. Der Gemeindepräsident Zwygart soll zu Max gesagt haben, dieser Stern verderbe die ganze Schöpfung. Ich muss jedesmal an diesen Ausspruch denken, wenn wir mit Max in der Gesangsstunde singen 'und eine neue Welt entspringt aus Gottes Wort'. Mit dem Männer- und Frauenchor führt Max in unserer Dorfkirche die Schöpfung auf. Es ist eine schöne intensive Zeit. Einfach erstaunlich, dass Leute, die keine Noten kennen, so etwas singen können.

September 1961

Es löst sich alles auf. Umbruchzeit. Abschied von Tenniken. Dem Pfarrhaus sieht man die Ungepflegtheit an. Durch schmutzige Scheiben schaue ich ins nasse Grün. Immer neue Wolkenschichten türmen sich auf über dem Wald. Gestern hätte es nicht schön zu sein brauchen, schon gar nicht während des Damentees in Basel. So etwas von förmlich und steif und mir war viel zu heiß in meinem Kleid. Warum musste ich überhaupt hingehen, dieses Teekränzchen mitmachen? Bin ich es meinem Mann, dem angehenden Professor schuldig? Ach Max, lass mich doch! Als Pfarrersfrau hatte ich eine klar umrissene Aufgabe. Ich erfüllte sie gerne. Aber jetzt? Ich fühle mich in einem Niemandsland. Teetrinken mit Professorsfrauen, die sich gegenseitig diskret die neuesten Errungenschaften, Titel und Erfolge ihrer Männer und die guten Noten gebildeter Töchter und Söhne zuspielen? - Vroni, meine Schwester aus Amerika, hat auch einen Professor zum Mann. Sie macht viele Partys mit, doch in Amerika sei so etwas viel ungezwungener, lockerer, als bei uns in der Schweiz. - Nach drei Wochen Basel fliegt sie nun wieder zurück nach Ames in die USA. Sie hat sich bei einem Basler Coiffeur ihr schweres dunkles Haar, das sie als Zopfkrone auf dem Kopf trug, schneiden lassen. Jetzt sieht sie verjüngt und modern aus. - Nach dem Damentee suche ich sie bei meinen Eltern an der Augustinergasse auf. Vater will unbedingt noch ein Lied singen mit uns. Lass das, sagt meine Mutter. Er tut mir plötzlich leid, wie er so dasitzt in seinem Sessel. Einsam und ausgestoßen kommt er mir vor. Ich begleite meine Schwester und die Eltern zum Bahnhof. Als der Zug abfährt, weint meine Mutter. Abschiednehmen ist bitter. Zwei Jahre wird Mutter warten müssen, bis sie ihre jüngste Tochter wieder sieht. Zwei Jahre sind auch für Vater und Geschwister eine lange Zeit.

Brief an Cecil

Liebe Cecil,

meine Telefonnummer kennst du bereits, mein neues Zuhause noch nicht. Ich habe mich gefreut, dass Berni und du uns noch besucht habt in Tenniken. Hier in Sissach am Römerweg komme ich mit den zwei Wohnungen, die wir für unsere große Familie gemietet haben, gut zurecht. Margrit hilft mir. Wir teilen die Arbeit, wir teilen den Alltag. Die äußere Ordnung stimmt. Doch in mir selber herrscht Unordnung. War es richtig, mich einfach durchzusetzen, und Sissach als vorübergehenden Wohnort zu wählen? Weißt du, ich wollte unbedingt in der Nähe von Tenniken bleiben. Max hat meinen Wunsch respektiert und nachgegeben. Vielleicht hätten wir doch in die Stadt ziehen sollen. Ich habe inzwischen realisiert, dass für Max die tägliche Autofahrt nach Basel anstrengend und dass Sissach eine konservative Ortschaft ist. Wer sich in einem Schweizerdorf nicht der Norm anpasst, hat kein einfaches Leben. Davon kann die Heimatdichterin Helene Bossert auch ein Lied singen. Ich erlebe sie als eine eigenständige, naturverbundene Frau. Sie schreibt Lyrik, Heimatgedichte. Wahrscheinlich muss sie den Buckel hinhalten für die Sonderstellung ihres Mannes. Er war oder ist noch Mitglied der kommunistischen Partei. Wenn ich seine schönen Landschaftsbilder ansehe, kann ich nicht verstehen, dass er in Sissach zum gefährlichen Mann gestempelt

wurde. Doch du weißt ja, wie es den Außenseitern in unserer Gesellschaft geht. Ich nehme an, dass Res als Pazifist auch bittere Erfahrungen machen muss. Helene wohnt ganz in meiner Nähe.
Wenn wir uns sehen, reden wir miteinander. Meistens treffe ich sie in ihrem Garten an. Er führt hinunter zum Bach, ist ein zauberhaft intimes Reich voller Blütendüfte, Wellengeplätscher und kräftigem Gemüse. Helene hat grüne Finger, aber oft ein schweres Herz. Weil du und ich an Frauenfragen interessiert sind, erzähle ich dir, was Helene in Sissach erlebt hat. Sie fuhr mit Schweizerfrauen nach Moskau, um dort russische Frauen zu treffen. Für sie ein großes Ereignis. Doch die Sissacher nahmen es ihr übel. Sie wurde im Dorf verschrien als Kommunistin und sogar angespuckt. Zu Dichterlesungen am Radio und Vereinsfesten wurde sie nicht mehr eingeladen. Das hat sich inzwischen geändert. Sie darf wieder lesen, aber die Wunden sind geblieben. Das schlimmste Erlebnis muss für Helene die Hexenverbrennung gewesen sein. Sie selber sei zur Fasnachtszeit verbrannt worden: Die Strohpuppe Helene. Und die Sissacher Frauen seien um die brennende Puppe herumgerannt, hätten geschrien und ihre Bücher ins Feuer geworfen. Heimatgedichte, in denen kein politisches Wort steht, werden verbrannt wie zur Nazizeit! Und niemand wehrt sich. Kein Frauenverein, kein Pfarrer, kein Lehrer, kein Arzt, keine Amtsperson, schon gar nicht die Leute. Wahnsinnig, dass diffuse Ängste, die in uns allen stecken, abgeschoben werden auf eine Person. - Soll ich noch über die Schule jammern? Ich hätte Grund dazu. Die Kinder machen schlechte Schulerfahrungen, weil immer und überall nur Leistung zählt. Das Leistungsprinzip, so kommt es mir vor, hängt in vielen Schweizerschulen wie eine drohende Wolke über den Kindern und macht sie klein. Wo ist das spielerische Element geblieben, wo der Humor? Ein paar wenige freundliche Lehrer sind die Rosinen in einem trockenen Kuchen. Nur Georg fühlt sich aufgehoben bei seiner Kindergärtnerin. Ich kann mit Max nicht über Schulschwierigkeiten,

nicht über meine Zweifel und Ungereimtheiten sprechen. Er würde höchstens sagen, ich hätte auf ihn, meine Eltern und unsere Freunde hören müssen, dann wären wir jetzt in Basel und könnten sämtliche Probleme lösen. Ich hätte mir diese Suppe selber eingebrockt. Cecil, bitte nimm Stellung zu meinem Wohnproblem, damit ich eine neutralere Stimme höre als die von Max und meinen Eltern. Gestern erlebte ich zum Glück einen guten Familientag. Max hat sich wieder einmal von seiner Sonnen- und Lausbubenseite gezeigt, hat seine Stirne nicht in Falten gelegt, nicht über Dekanspflichten und Arbeitslast geklagt. Er war so, wie ich ihn kennenlernte im Wienerbubenlager. Ich wünschte, wir könnten beide die Unbeschwertheit der ersten Ehezeit hinüberretten in den sogenannten Ernst des Alltags. Es ist verdammt schwer. Wie auch immer: Wir spielten zusammen lange mit den Kindern und ich konnte mich dabei erholen vom Stress der Woche. Genug der Klagen, liebe Cecil. Erzähl bitte, wie es dir geht.

Herzlich Ursel.

Brief von Cecil

Liebe Ursel,

beim Lesen deines Briefes habe ich intensiv über Wohnen nachdenken müssen und bin zu folgendem Schluss gekommen: Könnte es sein, dass nicht nur der Mensch seine, sondern auch die Gegend die Landschaft, ihre Wahl trifft und einen Menschen so lange zu sich ruft, bis er kommt? - Berni behauptet zum Beispiel, der Zürichsee hätte ihn schon immer magisch angezogen. Er müsse hier wohnen. Beinahe jeden Tag macht er einen Spaziergang dem See entlang. - Erinnerst du dich an den Ausspruch unseres Geographielehrers? „Kinder, der Berg ruft!" Dann machte er seine Wochenendsäntistour und erzählte uns am

Montag, wie es gewesen war, was er gesehen und erlebt hatte. - Dich ruft das Dorf. Lass es geschehen. Du hast mir seinerzeit zur Scheidung geraten und ich sage dir nun: Bau in naher Zukunft dein Haus in Tenniken. Ist es nicht ein überholtes Denken, dass der Pfarrer nicht zurück darf ins ehemalige Dorf? Er ist doch längst nicht mehr der König. Wir leben nicht in Gotthelfs Zeiten. Wir leben jetzt und es hat sich geändert. Nimm ein paar Jahre Sissach in Kauf. Du wirst bestimmt auch gute Erfahrungen machen. Die Hexengeschichte, die du mir schilderst, ist allerdings eine dunkle Geschichte, erinnert mich an Mittelalter, oder an die Schwarze Spinne von Gotthelf, in der sich das Dunkle ausbreitet, verselbständigt. Wird eine Frau, die eigene Wege geht, noch immer diskriminiert? Zum Glück ist das Wort Hexe unter jungen Frauen kein Schimpfwort mehr, im Gegenteil. Hexe, im heutigen Sinn des Wortes, kann eine kraftvolle vitale Frau sein. Vielleicht haben wir dieses Umdenken zum Teil Alice Schwarzer und ihrer Emma-Zeitschrift zu verdanken. Alice ist jedenfalls eine unermüdliche Vorkämpferin, all dessen, was kommen mag, kommen muss und kommen wird! Siehst du es auch so? - Willst du wissen, was uns passiert ist? Es hat auch mit Wohnen zu tun. Seltsamer Zufall! Eines Tages läutet Boris, der alte Schauspieler aus der Nachbarschaft an unserer Türe. Ich bin allein zu Hause. In der Küche beim Kaffeetrinken klagt er mir sein Leid. Seine Freundin, die Hausbesitzerin sei gestorben, kurz danach sein Hund. Allein könne er in dem großen alten Haus nicht existieren. Wer würde ihn denn zusammenlesen, wenn er eines Tages irgendwo liege, krank oder tot? Ich sagte einfach: Wir! - und damit war die Sache schon geritzt. In Sekundenschnelle nahmen unsere Wohnwünsche Gestalt an. Wir leben tatsächlich schon mit Boris zusammen in seinem Haus und er ist voll integriert in unsere WG, die er übrigens als einzig richtige Wohnform sieht. Finde ich toll von ihm. Ich genieße die Anwesenheit des alten Mannes, denn ich hatte nie einen Großvater. Boris spricht, wenn er mit uns isst, am liebsten über seinen Be-

ruf. Was er als Jude in Deutschland erlebt hat, verschweigt er. Oft sitzt er in Gedanken versunken einfach da. Stell dir vor, Fredi hat mir die Geburtsanzeige seiner Kinder geschickt. Zwillinge: Rolf und Elisa. Auf der Rückseite der Karte schreibt er, Elisa ginge es nicht so gut. Irgend etwas mit ihrem Hüftgelenk sei nicht in Ordnung. Eine neue Sorge für ihn. Er tut mir leid.
Herzliche Grüße,

Cecil.

Sissach

Die Sissacherzeit scheint ein blinder Fleck zu sein in meinem Gedächtnis. Was ist eigentlich passiert in den sechs Jahren? Im Blockviertel, in dem wir wohnen, fühle ich mich und bin wohl nicht die Einzige, wie in einem Getto. Überwacht und kontrolliert vom Blockbesitzer. Jeden Tag steht er auf seinem Balkon und schaut mit dem Feldstecher, ob irgendwo etwas Unerlaubtes passiert. Eigentlich verbietet er sich und seinen Mietern das lebendige Leben. Nur seine Frau darf vor seinem Block ein paar Blümchen pflanzen, alle übrige Frauen müssen sich mit dem Rasen begnügen. Betreten dürfen sie ihn nicht. Zu den Wäscheständern führen Plattenwege. Im Winde flatternde Wäsche belebt mindestens an schönen Tagen das Quartier ein wenig. Kinder dürfen auf der Straße nicht Fußball , um die Häuser herum nicht Verstecken spielen. Sergio traut sich nicht mehr, abends unter offenem Fenster seine Heimatlieder zu singen mit seiner wunderschönen Tenorstimme. Langsam verschwinden die Italiener aus dem Blockquartier. Der Hausbesitzer kündet ihnen. Sind sie nur dazu da, den Schweizern Häuser zu bauen, in denen sie kaum wohnen dürfen? - Wir kommen immer öfter mit Italienern in Berührung, erfahren deren Freud und Leid. Max stellt sich zur Verfügung, wenn sie Hilfe brauchen. Sie laden uns zu wunderbaren italienischen Essen ein, schenken uns Oliven und Orangen, wenn sie aus ihren Sizilienferien zurückkommen. Stine befreundet sich mit Maria, der jungen Italienerin im Block nebenan. Die schönste Frau des Quartiers! Nach der Geburt ihres dritten Kindes, wird die Freundschaft zwischen ihr und Stine noch enger, denn meine Tochter verliebt sich restlos in den neugeborenen Raphael. Sie darf ihn hegen und pflegen, so viel sie will. Das macht sie, als wäre sie schon immer Mutter gewesen. Die Ausländerpolitik geht uns plötzlich etwas an, auch die amerikanischer Studentenpaare. Sie wohnen in unserem Quartier, weil sie von Max Geiger gehört haben und sie besuchen in Basel seine Vorlesungen, schreiben bei ihm ihre Doktorarbeiten. Max verbringt etliche Abende als Babysitter bei seinen Doktoranden. Lachend sagt er einmal zu mir: „Ich pflege gerne multikulturelle Kontakte. Wir kennen Italiener, Amerikaner, Deutsche und sogar ein paar Schweizer."

In der Sissacherzeit Ausflug mit Studenten nach Assisi. Meine Tochter Julia und ich sind mit dabei. Nachdem wir die heilige Clara in ihrer geweihten Gruft im offenen Sarg gesehen haben, höre ich Studenten sagen: Jetzt Kaffee! Julia stellt fest: Clara war die Geliebte von Franz, sie hatte nicht nur eine geistige Verbindung zu ihm. Julia sagt es mit bitterem Ernst. Mir macht der fremde mystische Zauber Spaß. Dieser Nichtprotestantismus. Dieses nicht nur Denkenmüssen, sondern Fühlenkönnen. Ich empfinde den katholischen Glauben in Vielem als eine Mischung von Erotik und Geschäft. Das stört mich nicht. Es hat etwas unerhört Menschliches. Ist vor allem ehrlich. Eine ältere Römerin, sie hat ein fein geschnittenes Gesicht, kommt mit Max ins Gespräch. Sie verteidigt ihren Glauben, will aber doch verstehen, wie es die Protestanten meinen.

Sissacher Alltag für meinen jüngsten Sohn:
Wie er strahlt an seinem ersten Schultag, als er seine Bank bezieht und dann mit der rechten Hand trotz Eiterfinger

die gespreizten Finger der Linken auf seinem Blatt nachzeichnet.

In der Welt draußen passiert viel: der Kennedy Mord, die Mondlandung, der kalte Krieg zwischen Russland und Amerika. Max führt mit Kollegen, Studenten und Gymnasiasten lange Gespräche über atomare Abrüstung. Atomangst geistert durch alle Länder. Die Spaltung zwischen Rechten und Linken wird immer spürbarer. Und das Fernsehen liefert uns den Vietnamkrieg in unsere Stuben. Das Wort „Umweltschutz" taucht auf, gewinnt bei vielen an Bedeutung, kommt bei anderen in Verruf. Mit Medea Berger und ihren Ballettschülerinnen führe ich mein Stück über den Wald auf, denn das Waldsterben ist in aller Leute Mund. Auch hier die merkwürdige Zweiteilung: Das Annehmen, das Ablehnen der Problematik.

Erschreckendes passiert nicht nur in der großen, es passiert auch in meiner kleinen Welt. Mein Bruder Gregor stirbt. Am ersten August, dem schweizerischen Nationalfeiertag, hat er einen tödlichen Autounfall. Er stirbt in den Armen seiner jungen Frau. Seine Kinder, zwei kleine Buben, können unverletzt geborgen werden. Dieser unerwartete, plötzliche Tod führt meine Ursprungs- die Kutterfamilie für kurze Stunden zusammen. Wir stehen ziemlich hilflos am Grab des Bruders. Ich werde das Gefühl nicht los, dass es sich bei Gregors Tod um eine Wiederholung handelt. Mutters Bruder mit demselben Namen starb bei seinem zweiten Unfall. Jede Familie hat ihr Schicksal.
Immer, wenn Einschneidendes passiert, ist meine Mutter wortkarg und von einer glasklaren Nüchternheit, als ginge sie alles nichts an. Ich kenne und verstehe diesen Zustand. Es ist die Haltung meiner Großmutter Hanna. Nur so konnte sie sich über Wasser halten beim Sterben ihres Sohnes und bei meiner Mutter ist es dasselbe.
Ich rede mit meinen Geschwistern wenig über Gregors Tod. Meine Schwestern hatten eine andere, vielleicht inni-

gere Beziehung zu ihm. Ich war längere Zeit seine Ersatzmutter. Das Erwachsenenleben teilten wir nicht zusammen. Wie meine Brüder zueinander standen weiß ich nicht. Sie gingen sich eher aus dem Weg. Etwas hatten sie wohl gemeinsam. Sie konnten bauen. Gregor's Bauelemente waren Holz und Stein. Er baute sein erstes, sein einziges steinernes Haus auf einer Tessiner Alp, hoch über dem Lago Maggiore. Unverändert steht es noch heute da in der Sonne. Klein und einladend. Gregor hatte sich auf das Wesentliche konzentriert beim Bauen. Und Markus Kutter, der ältere Bruder baut gedankliche Gebäude in einer verknappten Sprache, die er für die Werbung einsetzt. In seiner Werbeagentur GGK soll er einmal gesagt haben: „Wir purzeln übereinander und es kommt etwas dabei heraus." Seine Werbesprüche kommen mir oft vor wie verfremdete, neu gestaltete Kinderreime.
Veränderung in der Sprache wird überall sicht- und hörbar. Sie bewirkt auch einen gesellschaftlichen Umbruch. In dieser Aufbruchstimmung, die Studenten nennen sie die 68er-Bewegung, kehren wir zurück nach Tenniken, in unser eigenes, neu erbautes Haus, mitten in Wiesen, nahe beim Wald.

Tagebuchnotizen

Das Leben im Pfarrhaus hatte einen anderen Charakter als das Leben Auf Matt im eigenen modernen Haus, mit erwachsenen Kindern und Studenten, alle geprägt von der 68er-Bewegung.
Die erste Winternacht im neuen Haus ist mir unvergesslich. Wir sitzen hinter den Glasscheiben an der Wärme. Im Kamin brennt ein Feuer. Der dünne Rauch scheint direkt zum Mond aufzusteigen. Die Sterne glänzen, als wollten sie ein Fest feiern. Rehe kommen aus dem Wald, nahe zum Haus, stehen einfach da, im Schnee. Bilderbuchlandschaft oder Wirklichkeit?

Karl Barth stirbt am 10. Dezember 1968
Mutter empfängt mich an der Augustinergasse in Basel mit dieser Botschaft. Alte Leute sind bewegt und bestürzt vom Tod alter Leute.

Uralt kamen sie mir vor, meine Eltern, als sie Hand in Hand hereinkamen in den festlich geschmückten Saal des Bottminger Wasserschlosses und ihre Plätze suchten, um mit der ganzen Familie goldene Hochzeit zu feiern. Mir schien, als müsste sich Leben an Leben festklammern. Doch wer kennt schon die Befindlichkeit der nächsten Generation? Die Silbernen, zu denen wir gehören, sind jünger und doch schon leise bei der Schulter genommen. Silberne müssen ihre Zeit rasch füllen, sonst ist sie weg. Sie sehen das Alter auf sich zukommen. Sie helfen Tante Caroline beim Treppen- und ins Auto steigen. Sie sind freundlich. Sie sind besorgt, dass den Alten das Essen schmeckt. Aber sie denken, - ich jedenfalls denke es: um Gotteswillen, nie diese Vogelkrallen, nie diesen faltigen dürren Hals, Altersflecken haben müssen, erloschene Augen, brüchige Stimme, Gehörlosigkeit. Nie! - Die Silbernen lächeln den Goldenen zu. Und doch schimmert in ihren Augen durch das Lachen hindurch manchmal die Angst. Sind die Tage der Rosen längst vorbei?

Abschied von Lehrer Jakob, im Kreis seiner Schulkinder mit ihren Vätern und Müttern. Mich hat das Umgebensein von Dorfleuten wieder neu berührt. In ihrer Mitte ist der Friedhof keine einsame Stätte. Die Tenniker begleiten einander in die frohen und traurigen Ereignisse. Sie kommen auch hieher, wenn eine stille alte Frau, wie es die Mutter des Försters war, zu Grabe getragen wird. Sie begleiten ihre Jungkonfirmierten in die Palmsonntagspredigt. Sie sitzen dichtgedrängt am Karfreitagmorgen in der Kirche. Sie werden immer wieder getrennt durch Streit und Missgunst. Doch es gibt Tage, an denen sie in Eintracht beieinander sind.

Mutters Besuch

Sie kommt zu mir, will unser neues Haus sehen. Es gefällt ihr. Besonders die Küche. Doch ihr eigentliches Interesse gilt dem Garten. Um ihn kümmert sie sich, kaum ist sie da. Es liegt ein Trost über all ihrem Tun. Ihre Arbeit ist so getan, als würde sie nie zu Ende gehen. Mutter übernachtet in Maxens Bett. Er ist verreist. Es kommt immer seltener vor, dass Mutter und ich nebeneinander in Ehebetten schlafen wie in früheren Zeiten, wenn Vater jeweils unterwegs war. Und wie in früheren Zeiten durchqueren wir in Gedanken und Worten den Gemüsegarten Familie. Jede Pflanze, d.h. jedes Familienglied hat seinen besonderen Platz darin und schlussendlich landen wir, wie könnte es anders sein, bei Lettice, Mutters Freundin aus England. Mutters große Liebe. Die beiden Frauen haben sich wöchentlich ausführliche, endlos lange Briefe geschrieben. Eine Lebenskorrespondenz, die Leben erzählt bis zum Tod.
Am nächsten Morgen realisiert Mutter nicht, dass ich ebenso früh wach bin wie sie. Ich sage noch nicht guten Tag, halte mich still im Bett, beobachte ihre lautlose Morgengymnastik. Sie probiert die Bewegungen ihrer Finger aus, dreht ihre Hände nach außen, nach innen, besieht die Handflächen. Streckt die Arme aus. Berührt die Wand. Diese mütterliche Hand an der Holzwand. - Im Alter, stelle ich mir vor, sind die Tage geschenkt. Mutter lebt sie mit stiller Vorsicht.

Die 68er Zeit

Die 68er-Bewegung schwemmt uns plötzlich, völlig unerwartet an neue Ufer.
Max wird als Gastprofessor in Vertretung des Theologen Helmut Gollwitzer, an die Freie Universität Berlin berufen und zusammen mit dem Biologen Randolf Lochmann

hält er Vorlesungen über das Verhältnis von Naturwissenschaft und Theologie.
Es tut gut, aus der kleinkarierten Schweiz in eine geistige und landschaftliche Weite hinausfahren, etwas Neues entdecken zu können.
Wir nehmen unsere jüngsten Kinder Lisette und Georg mit und wohnen im Hause Gollwitzer so lange, bis das Ehepaar Gollwitzer zurückkommen wird aus seinem Schwarzwaldurlaub. Wir wohnen also vorübergehend im Villenquartier Dahlem. Christina, die Spanierin, die einmal in der Woche Gollwitzer's Haus putzt, schüttelt über dieses Quartier nur den Kopf. „Für mich besser Kreuzberg: Viele Autos, viele Leute. Hier nicht Leben. Hier tote Villen. Und Studenten schlecht angezogen."
Auch meine Kinder sind oft schäbig angezogen, denke ich. Auch sie wollen die Welt verbessern, dem Bürgertum den Rücken kehren. Ich fahre mit meiner Tochter Lisette im Bus 48 zum Einkaufszentrum Reichel. Doch was dort an Kleiderständern hängt, gefällt ihr nicht.
„So dämlich will ich nicht angezogen sein" sagt sie.
Berliner Straßen sind sehr viel länger als Basler Straßen. Bei den Stopplichtern lauert das sprungbereite Ungeheuer Verkehr. Nicht stolpern! Grün nicht aus den Augen lassen - alles geht rasch. Berliner reden schnell, denken, handeln, laufen schnell. Ich wundere mich, wie gut alte Leute in dieser Stadt zurecht kommen. Berliner Asphalt bedeckt sich mit Blättern. Große Blätter sehen aus wie wehrlos geöffnete Hände. Wenn der Wind sie fortträgt, bleiben sie liegen, werden festgestampft, werden matschig und braun. Könnte ich mir ein Öfchen auf den Rücken schnallen, würde ich endlos durch die Straßen Berlins gehen, um in diese Mischung von Hektik, Grünflächen, Natur, Technik, Verkehr, Stille, Vögel, Lärm einzutauchen. Melancholie der Großstadt. Aber so - im dünnen weißen Mantel, den Wind um die Ohren, denke ich nur an Wärme und Behaglichkeit an Kaffee und Streuselkuchen.
In Dahlem bringen Arbeiter in orangefarbenen Uniformen mit Hilfe eines Krans das faulende, schon stinkende Laub

in einen Kehrichtwagen. Ein Arbeiter erkundigt sich bei mir nach einem Lokal. Ich habe hier noch keine Kneipe gesehen, sage ich. Aber dort, sehen sie, dort drüben, im Bäckerladen kriegen sie die besten Streuselkuchen der Welt. - Er schaut mich an, lacht und geht. Vermutlich hat er gemerkt, dass ich keine Berlinerin bin.
In Dahlem sind kaum Menschen auf der Straße, nur Hunde hinter Gartenzäunen. Große alte Bäume. Haufenweise Laub. Schlafende Häuser, aus denen die Jugendlichen ausgezogen sind. Hat Christina doch recht, wenn sie sagt, in Dahlem sei kein Leben?
Auch in Zelendorf, wo Randolf und Renate Lochmann wohnen, ist es still, beinahe ländlich. Trotzdem spüre ich im Hintergrund das Vibrieren der geteilten Großstadt. Ich möchte bald einmal hinter die Mauern sehen können. Für mich als Schweizerin ist das, was hinter der Grenze liegt, ungemein anziehend und geheimnisvoll.

In Gollwitzers Küche

Ich sitze allein in der Gollwitzer-Küche und schaue, während ich frühstücke, zum Fenster hinaus. In der Pfütze einer Plastikhaut, die das Schwimmbassin zudeckt, badet eine Meise. Und das Eichhörnchen in den Bäumen schwingt sich von Ast zu Ast.
Die Gollwitzer-Küche ist eine genormte Küche, wie viele andere Küchen. Die Zimmer des Hauses sind so eingerichtet, dass sie mir nicht in Erinnerung bleiben werden. Sie sind eher bieder und langweilig. Doch genau diese Eigenschaft macht sie für die verschiedenen Menschen, die bei Gollwitzers ein und ausgehen, attraktiv. Niemand muss hier Gegenstände, Bilder, Möbel oder Teppiche bewundern. Jede, jeder kann sich in der Stube oder in der Küche einen Platz suchen und zuhören, was der große alte Mann zu sagen hat. In der Küche sind runde, rote Plastikhocker und wer Brigitte beim Kochen zusehen möchte,

setzt sich hin, trinkt einen Kaffee oder isst mit. Viele junge Leute kommen und schnuppern ein wenig Golli und Brigitte Luft, suchen in den Bücherbergen nach verborgenen Schätzen und baden, wenn es Sommer ist, im Gartenbassin.

Helmut Gollwitzer geht an Demos, ist mit dabei, wenn alte Häuser besetzt werden, trägt die eigene Matratze auf dem Kopf durch die Straßen, verbringt etliche Nächte mit den Besetzern.

Die Gollwitzers sind Studenteneltern, auch schon Studentengroßeltern.

Gestern saß ich mit einem gewissen Unbehagen in der Gollwitzer-Küche. Ich war allein im Haus mit einem fremden Gast. Plötzlich fühlte ich mich auch allein im Quartier. Am kleinen Küchentisch sassen wir uns gegenüber, der Fremde und ich. Wer war er? Hatte nicht Gollwitzer vor seiner Abreise zu Max etwas von einem Strafentlassenen gesagt, den er betreue und der ab und zu vorbei käme?

Nehmen sie einen Kaffee?
Ja, bitte
Sind sie...?
Ja, ich bin der Hoffmann.

Er zieht aus seiner Rocktasche eine Ansichtskarte und schenkt sie mir. „Weinort Rosswang. Kreis Vaihingen-Enz" steht darauf. Wie ist die Welt doch klein! Ich sage zu Herrn Hoffmann: In Vaihingen-Enz, da war ich einmal und habe bei Nonnenmachers den Haushalt geführt und mein Patenkind Helene betreut.

Er schaut mich an. Sie waren dort, ausgerechnet in Vaihingen?
- Das war einmal meine Heimat. Dort kenne ich die Leute.
Auch die Nonnenmachers?
Ja, auch die. Der August, ich weiß noch, hat immer ein wenig geliebäugelt mit den Nazis.
Leider, sage ich. Aber Rosa, seine Frau hat Widerstand geleistet - und wie!

Ja, ja, schon, sagt Hoffmann, aber wissen sie, mit mir hat keiner geredet. Verwandte und Bekannte wollten nichts zu tun haben mit einem Zuchthäusler. Als meine Eltern noch lebten, da wusste ich, wo ich zu Hause war. - Er zeigt mir das Foto seiner Mutter, seines Vaters. Bilder seiner Geschwister, Soldatenbilder. Gesichter, die sich alle gleichen. Hitlerjungen, wie ich sie in meiner Vaihinger-Zeit auch gesehen hatte. Hier mein Onkel. Er ist in Russland gefallen. Hier meine Schwester und hier bin ich. In der ersten Klasse ging es mir noch gut. In der zweiten nicht mehr. In der dritten besser und dann war Schluss. Und wenn man eben falsch eingestiegen ist in sein Leben, kann man es nicht mehr zurückdrehen. Jetzt bin ich 43 und schon ein alter Mann, zu nichts mehr nutze. Wenn der Professor zurückkommt, schneide ich ihm die Hecke im Garten. Sagen sie ihm das. Ich habe noch eine Mark im Sack. Es reicht nicht einmal für Zigaretten.
Ich lege ihm Geld auf den Tisch. Er bleibt sitzen, isst noch eine Banane, weil er keine Zähne mehr hat, isst Negerküsse, trinkt Kaffee. Ein Mann in den besten Jahren, breitschultrig, stämmig. Ein Mann mit viel Kraft. Hin und wieder gibt es Schlägereien. Da sei er mit dabei, erzählt er mir. Ein Mann, der sich nicht wäscht, aber gut anzieht, weil er den Frauen gefallen möchte. Ein Mensch ohne Haus, Heim, ohne Zukunft, verlassen in der großen Stadt Berlin und doch nicht mehr wegzudenken aus ihr, weil er hier untertauchen kann.
Ich höre Schritte. Max. Alle Ängste sind weg. Max ist guter Laune. Er plaudert noch eine Weile mit Herrn Hoffmann. Und Herr Hoffmann wird immer wieder kommen.

Berlin, 4. Februar 1973

Deutschland: Land der Vorträge? Sind lange Vorträge nicht überholt? Wären Gespräche, Denkanstöße, Kurzreferate nicht sinnvoller? - Ich sitze in einer schönen Kirche

unter grauen Herren. Sie reden über Zwingli, Luther, Sartre, Fichte. - Die Sonne scheint durch die Kirchenfenster. Ob mein Mann zuhört? Ob Professoren Professoren zuhören können? Wenn das Christentum in wissenschaftlicher Sprache daherkommt, wird alles für mich noch viel schwieriger. Wie kommt man hinter die Gespräche, hinter die vorgeformten Sätze? - Bei anschließender Diskussion in einem Lokal wird viel geraucht. Ich sehe einem Raucher zu. Er spielt mit seiner Zündholzschachtel. Er schafft sich unter all den Leuten eine kleine Intimsphäre, einen ganz winzigen Haushalt.
In all diesen Stimmen, unter all diesen Leuten sitzt mein Kind: Gesammelt, aufmerksam. Die jüngste Tochter. Vielleicht wird sie einmal uralt. Um dieser Tochter, um all der Töchter und Söhne willen, muss uns die nächste Zukunft beunruhigen, also ist es gut, dass wir reden, Dinge klären.
Neben mir sitzt, stumm wie ich selber, eine ziemlich in sich gekehrte Frau. Plötzlich wird sie hell wach, profiliert sich im Gespräch über AKW-Werke. Ich spüre, vielleicht spüren es die anderen auch, dass die Zeit, unser Jahrhundert in seiner Problematik mit dem bedrohlichen Hintergrund der Neutronenbombe, uns in einer bedrückenden Art zusammenhält. Eine Art von Notgemeinschaft? Sind wir erst im Vorfeld dieser Gemeinschaft? Noch wiegen wir uns in Sicherheit und lassen den Dingen zu sehr den Lauf.
In Deutschland kriegst du immer gleich ein Papier in die Hand gedrückt, warum alles aufschreiben?
Berühmte Leute müssen sich sehr um berühmte Leute mühen, so wenigstens kommt es mir vor.
Ich habe ein Bild von Nolde bei mir in der Handtasche. Es gibt mir das Gefühl, einen Begleiter zu haben, der nicht nur über verbalen Kontakt zum Menschen kommt. In Deutschland herrscht, wie könnte es anders sein, das Wort vor.

An einem blendend schönen Maisonntag mit Renate Lochmann im botanischen Garten. Was sich da alles mischt: Das Tschilpen der Spatzen mit dem Quaken der Frösche. Autos, spielende Kinder, Kirchenglocken, Flugzeuge, im Sand knirschende Schritte von Menschen aller Nationen und Rassen. Menschen, die Erholung suchen und solche, die ununterbrochen fotografieren, festhalten, was sie sehen. Für mich das Schönste: Der Fliederweg. Ein Fliederstrauch steht neben dem anderen. Jeder einmalig in seiner Duftwolke, seinen zarten Lilablautönen. Dazwischen strahlend weiße Büsche. Sobald ich wieder zu Hause sein werde, muss ich Flieder haben in meinem Garten, sage ich zu Renate. Mehrere Büsche müssen es sein. Sie werden mich immer an Berlin erinnern.

Mit Renate besuche ich auch den Flohmarkt in Charlottenburg. Du musst ihn einfach sehen, sagt sie, es lohnt sich. Sie hat recht. Ich sehe viele lustige, besondere Leute. Junge Frauen tragen mit Vorliebe gefärbte Großmutterhemden und sehen unglaublich schick aus darin. Ich kaufe mir ein solches Hemd. Wem mag es gehört haben? Was hätte es aus seiner Vergangenheit zu erzählen? - Ich sehe Männer in bunten T-Shirts und spitzenbesetzten weißen Hosen, wie sie unsere Urgroßmütter seinerzeit unter ihren Röcken trugen. Mein Sohn Georg hat keinen Spaß am heiteren Berlin. Er sucht in dieser Stadt neben dem politischen Ernst die Auseinandersetzung mit der älteren Generation, vor allem natürlich mit Max und mir. - Ich weiß oft gar nicht, wie ich mich meinen 68er-Kindern gegenüber verhalten soll. Wie lange wird der Zustand des Abgelehntwerdens noch dauern? Georg will auf jeden Fall zurück nach Tenniken in die neu gegründete WG seiner Geschwister.

Max und ich sind, zusammen mit anderen Gästen, in eine Berliner-WG eingeladen. Lauter junge 68er um uns herum. Was sind wir in dieser Runde? Der ferne Onkel, die fremde Tante aus der Schweiz? Vielleicht eine Klagemauer? Die Klagen der Jungen müssen ja irgendwo ankommen. Alle rauchen. Die meisten im Yoga-Sitz. Also rauche ich auch, trinke Kaffee, drehe an meinem Ring, weil ich mir ziemlich überflüssig vorkomme. Der Reihe nach erzählen die Jungen, warum sie von zu Hause weggehen oder schon gegangen sind. Das Zimmer füllt sich mit Rauch und Klagen. Lehrer, Professoren, Politiker, vor allem Eltern machen alles falsch. - Die Türe geht auf, eine sehr junge Frau tritt herein, setzt sich in die Runde und wird sogleich gefragt: Was machst du für Erfahrungen mit deiner Mutter? Ihre spontane Antwort: „Meine Mutti ist ein feiner Kerl", ist wohl total daneben. Es herrscht jedenfalls betretenes Schweigen und die junge Frau sieht sich fragend um, als wollte sie sagen: Habe ich etwas falsch gemacht?

Max steht auf, öffnet das Fenster, sagt, er müsse Luft haben. Vielleicht würde er am liebsten ein Lied anstimmen, wie er es mit Schweizer Studenten oft tut. Gut, macht er es nicht. Es wäre ihm als autoritäres Lehrerverhalten ausgelegt worden und niemand hätte gesungen. Die 68er müssen ihre Probleme ausdiskutieren. - Max und ich verschwinden französisch, d.h. ohne adieu zu sagen. Wir schlendern noch ein wenig dem Kuhdamm entlang und essen beim Italiener eine Pizza.

Besuch in der DDR

Endlich kommt der Tag, an dem wir unsere DDR-Freunde in Quedlinburg besuchen. Mühsame Reisevorbereitungen und das Warten an der Grenze reiner Zeitverschleiß. Wie schaffen alte Leute einen Grenzübergang mit so viel Hin und Her und so viel Bürokratie? - Im Osten wird nicht über das psychologische Problem, sondern über die Notwendigkeit der Mauer geredet. Sie liegt nun hinter uns und vor uns das Land. Die Autobahn wie überall eine schnurgerade Linie. Links und rechts der Fahrbahn sind

die Wälder ungepflegter, dadurch schöner und romantischer als bei uns. Wir fahren auf einem holprigen Pflaster in Richtung Magdeburg. Es riecht nach Dünger und Mist. Auch die DDR spritzt, macht ihren Boden kaputt, hat aus westlichen Fehlern nicht viel gelernt. Magdeburg in Sicht: Fahnen, Spruchbänder, Türme, Kamine, billig gebaute Hochhäuser, Krane. In der Luft der Geruch eines Desinfektionsmittels. Wir befinden uns auf dem Weg nach Kropenstadt. Hinter dichter Baumallee das Gehege der Hopfenpflanzen. Das Harzgebirge macht sich in Höhen und Tiefen bemerkbar. Die flimmernde Straße und im Feld daneben der Schäfer auf seinen Stock gestützt, seinen Hund neben, die Schafe um sich. Mohn im Kornfeld. Ich staune. So war es in meiner Kindheit: Mohn und Kornblumen in wogenden Ähren. - Wird in der DDR die 'heile Welt' ebenso schnell von Fortschritt und Technik überrollt sein wie im Westen?
Wir fahren durch Magdeburg hindurch. Quedlinburg, unser Reiseziel ist, vordergründig gesehen, eine romantische, eine Märchenstadt: farbige Riegelhäuser, schmale Gassen aus Pflasterstein, eng ineinander verkeilte Giebel. Nach längerem Suchen finden wir das Pfarrhaus, ein älteres Haus, in dem auch der ehemalige, inzwischen alt gewordene Pfarrer lebt mit seiner Frau. Für alle Bewohner des Hauses gibt es nur ein einziges WC im Parterre.
Im Pfarrgarten blühen die Rosen. Nebst Blumen hat Uschi auch Beeren, Gemüse und Salat gepflanzt. Sie ernährt ihre Familie aus dem Garten. Ohne Gift? frage ich. - Leider nicht, sagt Uschi. Von Zeit zu Zeit fliegt ein Helikopter über Quedlinburg und alle Gärten werden mit Gift besprüht, ob wir das wollen oder nicht. - Wir, die verwöhnten Westler, kriegen Uschis erste Erdbeeren!
Ungezählte Vögel zwitschern in Busch und Bäumen. Habe ich in Tenniken je so viele Vogelstimmen gehört?
Vor zwanzig Jahren lernten wir Uschi und Friedemann in der Schweiz kennen und nun begegnen wir uns in Ostdeutschland. Während des gemeinsamen Abends wird mir bewusst, wie verschieden unsere Welten geworden sind.

Uschi kennt sozusagen keinen Komfort, weder im Pfarrhaus noch im Behindertenheim, in dem sie als Leiterin arbeitet.
Das Ehepaar G. muss sich nach allen Seiten hin zur Wehr setzen, denn Pfarrer sind nicht gefragt und schlecht bezahlt in der DDR. Pfarrerskinder kriegen im Gegensatz zu Arbeiterkindern oft keine Studienplätze.
Der politische Druck von außen bewirkt, dass die Familie im Inneren zusammenhält. Eltern und Kinder, Kinder und Eltern helfen sich gegenseitig, sind aufeinander angewiesen. Die Familienatmosphäre ist entspannt, nicht zu vergleichen mit der kritischen 68er-Jugend im Westen.
Während ich einen Abend lang hineinhorche in Uschis und Friedemanns Geschichte, spüre ich, dass noch viel Leim an meinen Sohlen klebt, dass ich Mühe habe, mich zu lösen von alt hergebrachten Mustern, Mühe habe, Abschied zu nehmen von der herkömmlichen Familie, die hier noch funktioniert. Zwar sagt mir mein Verstand immer wieder: Es ist normal, dass sich erwachsene Kinder außerhalb des Elternhauses mit Ihresgleichen zusammentun. In einer WG können sie eigene Pläne ausführen, eigene Erfahrungen machen. Trotzdem sehne ich mich wie ein verlorenes Tier nach einer warmen Familienhöhle. - Friedemann träumt von Freiheit. Uschi beneidet mich um die große Auswahl westlicher Konsumgüter und beide schwärmen vom Überallhinreisenkönnen. Was die einen haben, vermissen die anderen und umgekehrt, denke ich. - Noch ahnt niemand, dass der Zusammenschluss Ost-West kommen, die Welt und das Leben der Menschen verändern wird.

Flug nach Hause

Welch subtile Technik des Fliegens. Unbeschwert hebt sich der Vogel über dem Senffeld ab und strebt hinauf in den Himmel. Die Silberflügel gleißen in der Sonne wie damals, bei meinem ersten Flug nach London als Achtzehnjährige. - Kurzer Blick auf unsere Hände. Erstaunlich, dass sie noch beisammen sind - nach so langer Zeit. - Tief unten im blauen Dunst die lebende Landkarte. - Wir kriegen Essen serviert. Die Dame im gelben Kostüm höhlt ihr Weißbrötchen aus. - Ist 'Hostess' sein noch immer ein Traumfrauenberuf? - Wäre der männliche Gast, dem die hübsche blonde Hostess eben den Kaffee einschenkt, auch in seinem Privatleben gerne bedient von ihr? Angenommen, sie wäre seine Frau, würde sie sich für ihn in frühester Morgenstunde perfekt schminken, schick anziehen, ihm in bester Laune das Frühstück servieren? Würde sie es tun? Würde ich es tun?

Brief an Cecil

Liebe Cecil,

längst bin ich wieder zurück aus Berlin. In Gedanken und auch nachts im Traum bin ich immer noch dort, als müsste ich eine zweite Heimat suchen. Ich habe keinen einzigen unfreundlichen Menschen getroffen in Berlin, stell dir das einmal vor! Ich kann es im Nachhinein kaum glauben, weil Vieles hier wieder dumpf ist. Die Leute in Berlin waren unglaublich offen und freundlich. Sie haben uns in Ost und West alles gezeigt, was wir sehen wollten und was sie für sehenswert hielten. Sie haben uns die Stadt zum Freund gemacht. Ich hatte, als wir nach Quedlinburg fuhren, sogar ein winziges Erlebnis mit einem DDR-Zöllner. Die meisten Männer an der Grenze sind unzugänglich, streng, verziehen keine Miene. Doch der eine, der meinen Pass kontrollierte, schaute mich belustigt an, zeigte auf mein Geburtsdatum und sagte, er wäre auch am 17.1. geboren, sei ein Steinbock wie ich. Den Steinböcken ginge es im Alter besser als in jungen Jahren. Er wünschte mir Glück für mein zukünftiges Leben und gab mir sogar die Hand. - Nun sind wir wieder zu Hause, doch das Glück lässt auf sich warten. Als wir die Kinder aufsuchten in ihrer WG unten im Dorf in einem alten Haus, hatte ich das Gefühl, dass sie uns, samt ihren Freunden und einem Tenniker-Ehepaar ins Pfefferland wünschten. Wir konnten keine Gedanken austauschen mit ihnen, schon gar nicht reden über unsere Berliner-Eindrücke. Die Atmosphäre war frostig. Elterliche Erwartungshaltung! Ich muss sie mir total abgewöhnen, sonst ersticke ich daran. Weißt Du, was ich mir vorgestellt hatte? - Gemütlicher Familienplausch mit Kaffee und Kuchen. Denkste! Eine Spur, auch nur eine winzige Spur Wiedersehensfreude hätte uns gut getan. - Max und ich fuhren dann hinauf zu unserem Haus. Ich lief durch alle Zimmer. Sie empfingen mich freundlich. Noch sind sie unbelastet. Mein bisheriges Leben hatte nicht in ihnen stattgefunden. Ich setzte mich aufs blaue Kanapee im Wohnraum. Die Abendsonne schien herein. Ich schrieb, um mich zu befreien von Groll und Selbstmitleid, ins Tagebuch, was mich beschäftigte: Unser Alt- und das Erwachsenwerden unserer Kinder. Sie geben uns immer wieder zu verstehen, dass sie sich von elterlichen und gesellschaftlichen Zwängen radikal lösen müssten. Im Wort 'Zwang' steckt natürlich der bekannte 68er-Vorwurf. Sollte wirklich alles Zwang gewesen sein, was wir als Eltern getan, gedacht und wie wir gehandelt hatten? Manchmal komme ich mir vor wie ein Sandwich, Druck von oben und unten. Oben die Eltern und Schwiegereltern mit ihren Ansprüchen, ihren Vorstellungen, wie Jugendliche, vor allem ihre Enkel, zu sein hätten. Wen sie heiraten sollten und wen nicht. - Unten die Jungen. In meinen Augen sind sie nicht einfach frech, arrogant oder selbstbezogen. Sie sind auch stark und mutig. Sie kommen mir vor wie junge Triebe, die den Asphalt sprengen. - Adolf Portmann, der Biologieprofessor aus Basel, besuchte uns am Tag nach unserer Heimkehr und wir haben mit ihm über die 68er reden können. Er mag sie, kommt gut zurecht mit ihnen, sagt, sie würden mehr Verantwortung übernehmen für die Umwelt als Erwachsene. Bürgerinitiativen, Demos, Besetzung von Kaiseraugst gegen AKW-Werke, Friedensmärsche, das alles wären in seinen Augen Zeichen der Hoffnung. Es tat mir gut, ihn so reden zu hören. Portmann spricht weder zu den Linken, noch zu den Rechten, fühlt sich keiner Partei zugehörig. Er redet als Biologe und als alter weiser Mann. - Einfach erstaunlich, dass kinderlose Ehepaare wie du und dein Mann, die Portmanns, die Gollwitzers oft eine viel klarere Sicht der Dinge haben, als familienverstrickte Väter und Mütter. - Der langen Rede kurzer Schluss ist nun eine Bitte an dich: Dürften wir mit euch Weihnachten feiern, in eurer WG? Sie ist gemischt, Alte und Junge beisammen, das finde ich besonders schön. Ich möchte vorläufig keine christlichen Feste mit den 68ern inszenieren oder über mich ergehen lassen. Ich mache es eh nicht recht. Sie werden ihre Feste mit eigenen Liedern, Ritualen und Formen füllen. Wir alte Hasen sind das Alte gewohnt: Zusammenhocken in einer warmen Stube, etwas Gutes essen, reden, trinken, Kerzen anzünden, singen, Geschenke austauschen, und tanzen. Bringst du uns einen israelischen Tanz bei? Würde Boris eine Weihnachtsgeschichte lesen? Würde Res Musik machen? Das wäre toll. Ich backe Guzis für Euch. Kannst du Bescheid geben, deiner dich liebenden Ursula?

P.S. Muss dir noch schnell etwas mitteilen, was vor 10 Minuten passiert ist. Der Postbote brachte mir einen Expressbrief. Französische Marke, dünnes Papier, dünne Schrift. Ein Brief aus Frankreich? Ich öffne den Umschlag. Zittrige Buchstaben. Keine Kinder-, keine Erwachsenenschrift. Im gefalteten Brief das Foto eines jungen Mannes in Uniform. Auf dem dunkeln Haar ein schräges Franzosenkäppi. Traurige Augen, ein schmaler Mund. Unter dem Bild der Name „Georges!" Stell dir vor, der kleine Georges von damals, der jetzt als Soldat in den Algerienkrieg ziehen muss. Er wünscht sich von mir eine Schweizer Armbanduhr. Hoffentlich kein Abschiedsgeschenk! Ob ich je wieder etwas hören werde von ihm?

Über die Autorin

Ursula Geiger, geboren in Beggingen (Kt. Schaffhausen).
Lebt heute in Tenniken (Baselland)
Ausbildung als Rhythmiklehrerin am Konservatorium in Zürich.
Heirat mit dem Theologen Max Geiger.
Gründung eines Kindertheaters und Aufführung eigener zeitkritischer Stücke in verschiedenen Städten und Dörfern.
In der Basler Frauentheaterwoche Auftritt im Stadttheater mit dem eigenen Stück „7 Fraue!"
Verschiedene Arbeiten im Rundfunk.

Weitere Veröffentlichungen:

SJW-Heft über die Flüchtlingsmutter Gertrud Kruz
Jugendbuch „Komm bald, Christine"
Roman „Irgendwo dazwischen"

Im Alkyon Verlag erschien:

„Die Töchter in der Zeit der Väter. Lebenserinnerungen der Enkelin des Schweizer Theologen Hermann Kutter", 3. Auflage 1996, Weissach i.T.

Inhalt

Hauptbahnhof Zürich	5
Cecil	7
Unterwegs	12
Die Buben	14
Überraschungen	17
Raymond und Julien	20
Brief an Cecil	23
Brief an meine Schwester Mädi	25
Brief von Mädi	27
Am See	28
Der Sommer war sehr groß	32
Brief an Cecil	36
Alp Horweli	39
Briefe	44
8. und 9. Mai 1945	46
Landzeit	51
Der Weihnachtsmann	56
Brief von Cecil	61
Brief an Cecil	64
Tagebuch	66
Geburten	71
Brief an Cecil	76
Kinder geben Auskunft	79
Tenniker Alltag (Tagebuch)	81
Reise nach Wildhaus, 5. August	83
6. August 1959 in Wildhaus	85
Brief von Cecil	88
Die Flüchtlingsmutter	90
Brief an Cecil	93
Emmas Tod	95
Tenniker Bilder	96
Brief an Cecil	104
Brief von Cecil	106
Sissach	108
Tagebuchnotizen	111

Mutters Besuch	113
Die 68er Zeit	113
In Gollwitzers Küche	115
Berlin, 4. Februar 1973	117
Besuch in der DDR	120
Flug nach Hause	122
Brief an Cecil	123
Über die Autorin	126
Inhalt	127

EDITION EISVOGEL
IM ALKYON VERLAG

In König Hanichs Reich. Märchenroman von Gerhard Staub
144 S., 10 Ill., DM 16,80 ÖS 123,-SFR 16,00. 3-926541-00-8
Die Stadt und die Schreie. Roman in 22 Erzählungen
von Eduardo Lombron del Valle
120 S., 9 Abb., DM 16,80 ÖS 123,- SFR 16,00. 3-926541-01-6
Leonardo da Vinci. Prophezeiungen, Italienisch-Deutsch
102 S., 2 Abb., DM 16,80 ÖS 123,- SFR 16,00. 3-926541-02-4
Der verlorene Apfelbaum. Eine Pfarrhauskindheit in der Mark
von Jutta Natalie Harder.
168 S., 2 Ill., DM 18,80 ÖS 137,- SFR 18,00. 3-926541-03-2
Unter der Platane von Gortyna. Kretische Prosa und Lyrik von
Zacharias G. Mathioudakis. 3. Auflage 1995
96 S., 4 Ill., DM 16,80 ÖS 123,- SFR 16,00. 3-926541-05-9
Christa Hagmeyer, Bewohner des Schattens. Kurze Prosa
96 S., 8 Ill., DM 18,80 ÖS 137,- SFR 18,00. 3-926541-06-7
Wie man eine Giraffe wird. Gedichte Russisch-Deutsch
von Wjatscheslaw Kuprijanow. 2. Auflage 1991
vergriffen. Neuausgabe in Vorbereitung
144 S., 9 Ill., DM 22,80 ÖS 166,- SFR 21,00. 3-926541-07-5
Anne Birk, Der Ministerpräsident. Bernies Bergung. 2 Erz.
168 S., 5 Ill., DM 18,80 ÖS 137,- SFR 18,00. 3-926541-09-1
Kay Borowsky, Der Treffpunkt aller Vögel. Gedichte
96 S., 6 Abb., DM 17,80 ÖS 130,- SFR 17,00. 3-926541-10-5
Margarete Hannsmann, Wo der Strand am Himmel endet
Griechisches Echo. Gedichte Neugriechisch-Deutsch.
Übertragen von Dimitris Kosmidis. 144 S., 10 Abb.
DM 22,80 ÖS 166,- SFR 21,00. 3-926541-11-3
Lisa Ochsenfahrt, Ohne nennenswerten Applaus. Kurze Prosa
96 S., 5 Abb., DM 17,80 ÖS 130,- SFR 17,00. 3-926541-12-1
Ulrich Zimmermann, Ins weiche Holz des Balkens
Von vernagelten Horizonten und anderen Hämmern
96 S., 5 Abb., DM 17,80 ÖS 130,- SFR 17,00. 3-926541-23-7
Justo Jorge Padrón, In höllischen Sphären. Gedichte Spanisch
und Deutsch. Übertragen von Rudolf Stirn*144 S., 3 Abb., DM*
20,80 ÖS 152,- SFR 19,00. 3-926541-24-5

Kleine ALKYON Reihe

M. Gernoth, Die Bitterkeit beim Lachen meiner Seele. Ged.
80 S., 4 Abb., DM 16,80 ÖS 123,- SFR 16,00. 3-926541-13-X
Michail Krausnick, Stichworte. Satiren, Lieder und Gedichte
80 S., 5 Abb., DM 16,80 ÖS 123,- SFR 16,00. 3-926541-14-8
Imre Török, Cagliostro räumt Schnee am Rufiji. Geschichten
140 S., 1 Abb., DM 16,80 ÖS 123,- SFR 16,00. 3-926541-16-4
Dimitris Kosmidis, Der Muschel zugeflüstert. Gedichte
80 S., 6 Abb., DM 16,80 ÖS 123,- SFR 16,00. 3-926541-18-0
Bruno Essig, Ruhige Minute mit Vogel. Gedichte
80 S., 5 Abb., DM 16,80 ÖS 123,- SFR 16,00. 3-926541-19-9
Anne Birk, Das nächste Mal bringe ich Rosen. Erzählung
130 S., 3 Abb., DM 16,80 ÖS 123,- SFR 16,00. 3-926541-20-2
Jürgen Kornischka, Nacht im Flügelhemd
80 S., DM 16,80 ÖS 123,- SFR 16,00. 3-926541-22-9
Irmtraud Tzscheuschner, Ines Konzilius. Roman
144 S., 8 Abb., DM 16,80 ÖS 123,- SFR 16,00. 3-926541-21-0
Peter Kastner, In Fabel-Haft
120 S., 4 Abb., DM 16,80 ÖS 123,- SFR 16,00. 3-926541-26-1
Ingeborg Santor, Amsellied und Krähenschrei. Gedichte
80 S., 1 Abb., DM 16,80 ÖS 123,- SFR 16,00. 3-926541-32-6
Rudolf Stirn, Die Hürde des Lichts. Roman
130 S., 12 Ill., DM 18,00 ÖS 131,- SFR 17,00. 3-926541-33-4
Olaf Reins, Das zweite Leben des Herrn Trill. Geschichten
130 S., 3 Abb., DM 19,80 ÖS 145,- SFR 19,00. 3-926541-39-3
Imre Török, Ameisen und Sterne. Märchen u. a. wahre Gesch.
132 S., 1 Abb., DM 16,80 ÖS 123,- SFR 16,00 3-926541-49-0
Bernd Hettlage, Wie ich Butterkönig wurde. Erzählungen
132 S., 1 Abb., DM 16,80 ÖS 123,- SFR 16,00 3-926541-54-7
Gerhard Staub, Sternenflug. Erzählungen
148 S., 15 Abb., DM 18,80 ÖS 137,- SFR 18,00 3-926541-58-X
Olaf Reins, Waterhouse. Erzählungen
172 S., 1 Abb., DM 19,80 ÖS 145,- SFR 19,00 3-926541- 78-4

Junge ALKYON Serie

Paß gut auf alle Menschen auf. Gedichte zum Jahreswechsel
Anthologie der Kl. 7 Max-Born-Gymnasium Backnang
80 S., 8 Abb., DM 14,80 ÖS 108,- SFR 14,00. 3-926541-27-X
Lotte Betke, Das Lied der Sumpfgänger, Erzählung
130 S., 7 Abb., DM 16,80 ÖS 123,- SFR 16,00. 3-926541-34-2
Klaudia Barisic, Ich möchte das Meer sehen, Prosatexte
96 S., 3 Abb., DM 18,80 ÖS 137,- SFR 18,00. 3-926541-36-9
Monika Eisenbeiß, Kinder, Chaos und ein Koch
144 S., 1 Abb., DM 16,80 ÖS 123,- SFR 16,00. 3-926541-37-7
Lotte Betke, Wir würden's wieder tun. Erzählung
182 S., 6 Abb., DM 19,80 ÖS 145,- SFR 19,00. 3-926541-38-5
Signe Sellke (Hrsg.), Engel sind keine Einzelgänger
Texte von Kindern der Scherr-Grundschule Rechberg
80 S., 27 Abb., DM 14,80 ÖS 108,- SFR 14,00. 3-926541-41-5
Manfred Mai, Hinter der Wolke. Roman
130 S., 3 Ill., DM 16,80 ÖS 123,- SFR 16,00. 3-926541 42-3
Irmela Brender, Fünf Inseln unter einem Dach
178 S., DM 19,80 ÖS 145,- SFR 19,00. 3-926541-47-4
Manfred Mai, Mut zum Atmen. Jugendroman
128 S., 1 Abb., DM 16,80 ÖS 123,- SFR 16,00 3-926541-50-4
Martin Beyer, Fragezeichen. Erzählung
178 S., DM 19,80 ÖS 145,- SFR 19,00 3-926541-52-0
Lotte Betke, Rotdornallee
108 S., 5 Abb., DM 14,80 ÖS 108,- SFR 14,00 3-926541-59-8
Rudolf Stirn, Der Weg nach Nurmiran. Märchenroman
250 S.,18 Abb., DM 19,80 ÖS 145,- SFR 19,00 3-926541-67-9
Lotte Betke, Lampen am Kanal
118 S., 5 Abb., DM 14,80 ÖS 108,- SFR 14,00 3-926541-68-7
Andreas Pesch, Bosniens Herz ist groß und nah. Erzählungen
135 S., 1 Abb., DM 16,80 ÖS 123,- SFR 16,00 3-926541-76-8
Udo Straßer, Der Sternenskorpion. Erzählung
132 S., 4 Abb., DM 16,80 ÖS 123,- SFR 16,00 3-926541-86-5
Joachim Hoßfeld, Aus dem Tagebuch des Katers Brandner
134 S., 12 Abb., DM 19,80 ÖS 145,- SFR 19,00 3-926541-89-X
Sylvia Frey/Julia Kaufmann, Ute eckt an.
Erzählung aus Klasse 8 Max-Born-Gymnasium Backnang
84 S., 3 Abb., DM 16,80 ÖS 123,- SFR 16,00 3-926541-97-0
Sylvia Keyserling, Im Baum sitzt ein Koalabär
132 S., 7 Ill., DM 18,80 ÖS 137,- SFR 18,00 3-933292-00-X

E. Marheinike, Das Backnanger Hutzelmännchen
nebst der wahren und unblutigen Historie von der „Argen Sau"
120 S., 5 Ill., DM 16,00 ÖS 117,- SFR 15,00. 3-926541-04-0
Gerold Tietz, Satiralien. Berichte aus Beerdita
96 S., DM 17,80 ÖS 130,- SFR 17,00. 3-926541-08-3
A. Birk u.a.(Hrsg.), Beifall für Lilith. Autorinnen über Gewalt
185 S., DM 18,80 ÖS 137,- SFR 18,00. 3-926541-17-2
Rud. Stirn, Faustopheles und Antiphist. Ein FAUST-Palindram
188 S., DM 20,00 ÖS 146,- SFR 19,00. 3-926541-25-3
Wjatscheslaw Kuprijanow, Das feuchte Manuskript. Roman
144 S., 5 Ill., geb. DM 26,00 ÖS 190,- SFR 24,00.3-926541-15-6
Rudolf Stirn, Wie ein Licht aufzuckt. Ein Josef-K.-Roman
112 S., DM 16,00 ÖS 117,- SFR 15,00. 3-926541-29-6
Lotte Betke, Feuermoor oder Sieh dich nicht um. Roman
180 S., DM 19,80 ÖS 145,- SFR 19,00. 3-926541-28-8
Christa Hagmeyer, Auf unsern Nebelinseln. Gedichte
90 S., 3 Abb., DM 17,80 ÖS 130,- SFR 17,00. 3-926541-31-8
Helga Meffert, Orang-Utan oder Die Wurzeln des Glücks. Erz.
80 S., 2 Abb., DM 16,80 ÖS 123,- SFR 16,00. 3-926541-30-X
Rudolf Stirn, Menetekel, Abgesang. Ein FAUST-II-Palindram
130 S., DM 18,00 ÖS 131,- SFR 17,00. 3-926541-35-0
michael fleischer, selbstgespräche monoton
148 S., DM 22,80 ÖS 166,- SFR 21,00. 3-926541-40-7
Miodrag Pavlovic, Die Tradition der Finsternis. Gedichte
96 S., DM 18,80 ÖS 137,- SFR 18,00. 3-926541-43-1
Wjatscheslaw Kuprijanow, Der Schuh des Empedokles. Roman
192 S., DM 22,80 ÖS 166,- SFR 21,00. 3-926541-44-X
Johannes Poethen, Das Nichts will gefüttert sein
Fünfzig Gedichte aus fünfzig Jahren. Klappenbroschur
64 S., DM 18,80 ÖS 137,- SFR 18,00. 3-926541-45-8
Hans Klein, Diese Erde. Gedichte
80 S., DM 16,80 ÖS 123,- SFR 16,00. 3-926541-46-6
Dimitris Kosmidis, Die Botschaft der Zikaden. Ged. Kl.broschur
96 S., 9 Abb., DM 22,80 ÖS 166,- SFR 21,00. 3-926541-48-2
Heinz Angermeier, Gesichter der Landschaft. Lyr. Texte. Kl.brosch.
64 S., 3 Abb., DM 20,80 ÖS 152,- SFR 19,00 3-926541-51-2
Rudolf Stirn, Anton Bruckner wird Landvermesser. Roman
156 S., DM 22,00 ÖS 161,- SFR 20,00 3-926541-53-9

Wolfgang Kaufmann, Bonjour Saigon. Roman
Ln. geb., 240 S., DM 36,00 ÖS 263,- SFR 33,00 3-926541-55-5
Conrad Ceuss, Wohl- und Übeltaten des Bürgers Borromäus
148 S., DM 16,80 ÖS 123,- SFR 16,00 3-926541-56-3
Ursula Geiger, Die Töchter in der Zeit der Väter, Erinnerungen
der Enkelin des Schweizer Theologen Hermann Kutter
132 S., DM 16,80 ÖS 123,- SFR 16,00 3-926541-57-1
Sergio Chejfec, Geografie eines Wartens. Roman
Aus dem argentin. Spanisch v. Karin Schmidt
164 S., DM 22,00 ÖS 161,- SFR 20,00 3-926541-60-1
Christa Hagmeyer, Unterm Schattendach
Geschichten zwischen Tag und Traum
94 S., DM 17,80 ÖS 130,- SFR 17,00 3-926541-61-X
Armin Elhardt, Das Blinzeln des Abendsterns. Prosa
94 S., DM 17,80 ÖS 130,- SFR 17,00 3-926541-62-8
Katharina Ponnier, Die Grille unter dem Schellenbaum. Roman
230 S., DM 22,80 ÖS 166,- SFR 21,00 3-926541-63-6
Wjatscheslaw Kuprijanow, Eisenzeitlupe. Gedichte. Broschur
92 S., 3 Abb. DM 18,80 ÖS 137,- SFR 18,00 3-926541-64-4
Matthias Kehle, Vorübergehende Nähe. Gedichte. Broschur
82 S., 1 Abb. DM 16,80 ÖS 123,- SFR 16,00 3-926541-65-2
Widmar Puhl, Wo der Regenbaum stand. Gedichte. Broschur
74 S., DM 16,80 ÖS 123,- SFR 16,00 3-926541-66-0
Marianne Rentel-Bardiau, La promeneuse / Die Spaziergängerin.
Gedichte Französ.-Dtsch. Übertr. v. Reinhard Walter. Broschur
80 S., DM 18,80 FFR 58,00 ÖS 137,- SFR 18,00 3-926541-69-5
Ralf Portune, Den Überlebenden. Gedichte. Broschur
76 S., DM 17,80 ÖS 130,- SFR 17,00 3-926541-70-9
Alexander Ruttkay, Ein Fremder kehrt zurück. Roman
123 S., 3 Abb., DM 19,80 ÖS 145,- SFR 19,00 3-926541-71-7
Angelika Stein, Indische Stimmen. Erzählung
72 S., 1 Abb., DM 17,80 ÖS 130,- SFR 17,00 3-926541-72-5
Winfried Hartmann, Nachtgeflüster. Gedichte
95 S., DM 18,80 ÖS 137,- SFR 18,00 3-926541-73-3
Rolf Augustin, Diesseits und jenseits der Grenze. Kurze Prosa. Br.
83 S., 1 Abb., DM 18,80 ÖS 137,- SFR 18,00 3-926541-74-1
Ulrich Maria Lenz, Irgendein Tag in der Zeit. Gedichte
121 S., 1 Abb., DM 19,80 ÖS 145,- SFR 19,00 3-926541-75-X
Lotte Betke, Inmitten der Steine. Gesammelte Gedichte
77 S., 1 Abb., DM 17,80 ÖS 130,- SFR 17,00 3-926541-77-6

Jan Wagner, Beckers Traum. Erzählung
81 S. DM 16,80 ÖS 123,- SFR 16,00 3-926541-79-2
Gerold Tietz, Böhmische Fuge. Roman
168 S., 4 Abb., DM 19,80 ÖS 145,- SFR 19,00 3-926541-81-4
Anne C. Krusche, Wie ein Mantel aus Schnee. Roman
214 S. DM 22,80 ÖS 166,- SFR 21,00 3-926541-82-2
Joachim Hoßfeld, Steigen und Stürzen. Ein Bericht
164 S., DM 19,80 ÖS 145,- SFR 19,00 3-926541-83-0
Marc Degens, Vanity Love. Roman
286 S., 1 Abb. DM 24,80 ÖS 181,- SFR 23,00 3-926541-84-9
Wassilis Ellanos, Hier meine Erde. Chorischer Hymnus
80 S., 13 Abb., DM 19,80 ÖS 145,- SFR 19,00 3-926541-85-7
U.+ G. Ullmann-Iseran, Die Rückkehr der Schwalben. Roman
148 S., 12 Abb., DM 22,80 ÖS 166,- SFR 21,00 3-926541-87
Rudolf Stirn, Mörike, der Kanzler, Kleiner und Ich. Cappriccio
111 S., DM 18,80 ÖS 137,- SFR 18,00 3-926541-88-1
Walter Aue, Der Stand der Dinge. Neue Gedichte
84 S., DM 18,80 ÖS 137,- SFR 18,00 3-926541-90-3
Anita Riede, Ein Fingerhut voll Licht. Gedichte
67 S., DM 17,80 ÖS 130,- SFR 17,00 3-926541-91-1
Knut Schaflinger, Der geplünderte Mund. Gedichte
99 S., DM 19,80 ÖS 145,- SFR 19,00 3-926541-92-X
Sonja Maria Decker, Das Dunkel zwischen den Lichtern. Roman
348 S., DM 24,80 ÖS 181,- SFR 23,00 3-926541-93-8
Stefanie Kemper, Herrn Portulaks Abschied. Erzählungen
84 S., DM 18,80 ÖS 137,- SFR 18,00 3-926541-94-6
Ingeborg Santor, Schlafmohntage. Erzählungen
91 S., DM 18,80 ÖS 137,- SFR 18,00 3-926541-95-4
Martin Beyer, Nimmermehr. Roman
109 S., DM 18,80 ÖS 137,- SFR 18,00 3-926541-96-2
Wjatscheslaw Kuprijanow, Wie man eine Giraffe wird. Gedichte
Russisch-Deutsch. 3. veränderte u. erweiterte Aufl.
133 S., DM 22,80 ÖS 166,- SFR 21,00 3-926541-98-9
Rudolf Stirn, Der Gedankengänger. Roman
84 S., DM 18,00 ÖS 131,- SFR 17,00 3-926541-99-7
Anneliese Vitense, Sieben blaue Bäume. Gesammelte Gedichte
108 S., 5 Ill., DM 18,80 ÖS 137,- SFR 18,00 3-933292-01-8
Mehmet Şekeroğlu, Das Ohrenklingeln. Erzählungen
150 S., DM 19,80 ÖS 145,- SFR 19,00 3-933292-02-6
Klára Hůrková, Fußspuren auf dem Wasser. Gedichte u. Texte
64 S., DM 17,80 ÖS 130,- SFR 17,00

Ursula Geiger, Noch immer Leim an meinen Sohlen?
Lebenserinnerungen II der Enkelin des Schweizer Theologen Hermann Kutter
132 S., DM 18,80 ÖS 137,- SFR 18,00 3-933292-04-2
Renate Gleis, Biografie des Abschieds. Prosa und Gedichte
95 S., DM 18,80 ÖS 137,- SFR 18,00 3-933292-05-0
Margaret Kassajep, Der Pirol beendet sein Lied. Gedichte
80 S., DM 17,80 ÖS 130,- SFR 17,00 3-933292-06-9
Rosmarie Schering, Taumle ich? Erzählungen
100 S., DM 18,80 ÖS 137,- SFR 18,00 3-933292-07-7
Wassilis Ellanos, Wenig Licht und ein Fremder. Gedichtzyklus
Griechisch-Deutsch
88 S., 12 Abb., DM 22,80 ÖS 166,- SFR 21,00 3-933292-08-5